dumont taschenbücher

Günter Spitzing, geboren 1931, lebt in Hamburg. Abgeschlossenes Studium der Orientalistik, Religionsgeschichte und Ethnologie. Freier Autor seit 1965. Zahlreiche Publikationen (Fachbücher, Lexika, Reisebände) im In- und Ausland. Mehrere Studienreisen nach Griechenland und Aufenthalte auf der Athoshalbinsel. Im DuMont Buchverlag sind von Günter Spitzing bisher folgende Bücher erschienen: *Bali* (DuMont Kunstreiseführer), *»Richtig wandern«: Rhodos, Das indonesische Schattenspiel* (DuMont Taschenbuch, Band 110)

Günter Spitzing

Athos

Der Heilige Berg des östlichen Christentums

DuMont Buchverlag Köln

Umschlagabbildung: Jéra Moni Símonos Pétras

Frontispiz: Mönch in seiner privaten Zelle in einem idiorrhythmischen Kloster

Alle Fotos: Günter Spitzing

CIP-Titelaufnahme der Deutschen Bibliothek

Spitzing, Günter:
Athos: der Heilige Berg des östlichen Christentums /
Günter Spitzing. - Erstveröff. - Köln: DuMont, 1990
(DuMont-Taschenbücher; 246)
ISBN 3-7701-2400-6
NE: GT

Erstveröffentlichung

Satz, Druck und buchbinderische Verarbeitung: Boss-Druck, Kleve

Printed in Germany ISBN 3-7701-2400-6

Inhalt

Die Geistigkeit des Athos-Mönchtums

Die Einheit von Kunst und Kult auf dem Athos

Anhang

Zur Schreibweise der griechischen Bezeichnungen

Griechische Begriffe, leider auch Eigen- und Ortsnamen, werden in Büchern, Landkarten und Prospekten auf recht unterschiedliche Weise mit lateinischen Buchstaben umschrieben. Die in diesem Buch gewählte Umschrift möchte einerseits der neugriechischen Aussprache gerecht werden, andererseits so weitgehend wie nur möglich dem griechischen Schriftbild entsprechen:

d entspricht Delta; wird leicht angehaucht gesprochen (sehr abgeschwächtes englisches th).

g entspricht Gamma; wird leicht gehaucht (g mit einem Anflug von ch).

j gibt Gamma vor Epsilon und allen i-Lauten (auch Ypsilon, Epsilon-Jota, Omikron-Jota) sowie Jota vor Vokalen wieder; wird wie j gesprochen.

o gibt Omikron und Omega wieder; wird meist offen gesprochen (wie in ›Schotte‹, aber etwas länger).

w gibt Wita (Beta) wieder sowie Ypsilon nach e-, a-, und i-Lauten; wird wie w, manchmal leicht hauchig in Richtung v gesprochen.

y gibt Ypsilon wieder; wird wie i gesprochen (ohne jeden Anklang an ü).

z gibt Zita wieder; wird wie ein sehr stimmhaftes s gesprochen.

ch gibt Chi wieder; wird weit vorne im Mund gesprochen (etwa wie ein kräftig gehauchtes h).

ou gibt Omikron-Ypsilon wieder; wird wie u gesprochen.

ph gibt phi wieder; wird wie f gesprochen.

th gibt Thita wieder; wird ähnlich wie das englische th gesprochen.

ai gibt Alpha-Jota wieder; wird wie ä gesprochen.

Bei einigen Namen und Begriffen, die dem Leser in der von Erasmus von Rotterdam konstruierten Aussprache griechischer Buchstaben vertraut sind, wurde diese von den Altphilologen angewandte Umschrift benutzt. Gelegentlich wird die erasmische Aussprache in Klammern beigefügt, z.B: Isychasmos (Hesychasmos). An anderen Stellen wird die neugriechische und die altphilologische Umschrift abwechselnd benutzt, z. B.: das Katholikón Ajíou Jeorjíou - die Georgskirche.

Die Athoshalbinsel

Lexikalisches Stichwort: Athos – der Heilige Berg

Ajíon Oros (oder in altphilologischer Umschrift, die nicht der Aussprache entspricht, Hagion Oros) heißt Heiliger Berg. Der Ausdruck bezeichnet das gesamte Athosterritorium und weckt zugleich etwas mißverständliche Vorstellungen. Mit dem Namen Athos wird zwar tatsächlich ein Berg bezeichnet – der größtenteils aus Marmor bestehende Gipfel, der an der Spitze einer fingerförmigen Halbinsel 2033 m direkt aus dem Meer emporragt. Wird jedoch vom Athos oder vom Ajíon Oros gesprochen, dann ist damit in der Regel mehr gemeint – nämlich die gesamte Athoshalbinsel mit ihren Klöstern und Einsiedeleien, mit all ihren mönchischen Institutionen.

Athos, der Heilige Berg, das bedeutet in Stichworten

geographisch: Die nördlichste von drei fingerförmigen länglichen Halbinseln, die ihrerseits von der nordostgriechischen Halbinsel Chalkidikí ausgehen. Länge ca. 50 km, Breite zwischen 5 und 10 km. Sie besteht aus einem Bergrückgrat, das, im Nordwesten an den eine Ebene begrenzenden Höhenzug-Querriegel (Megali Wigla) ansetzend, in stark wechselnder Höhe ziemlich genau südwestlich streicht und sich am Ende, dem Athoskap, zum Gipfel aufwirft.

politisch: Eine geistliche, sich selbst verwaltende politische Einheit, zwar zum griechischen Staat gehörend, aber mit eigener autonomer Legislative, Exekutive und zivilrechtlicher Gerichtsbarkeit ausgestattet. Rechtsträger sind die einzelnen Klöster. Die geistliche Oberaufsicht liegt beim Patriarchen von Konstantinopel. Griechenland wird durch einen Gouverneur und die ihm unterstellten Mitarbeiter repräsentiert.

religiös: Zentrum des orthodoxen geistlichen Lebens in der Form mönchischer Askese (immerwährendes Gebet) und mystischer Frömmigkeit (ekstatische Schau des unerschaffenen göttlichen Lichtes). Der Ajíon Oros ist das zweitwichtigste Pilgerziel (nach Jerusalem) der orthodoxen Welt. Er gilt als *Periwóli tis Panajías* (frei übersetzt: Hausgärtchen der Gottesmutter).

gesellschaftlich: Das Territorium ist auf 20 Klöster aufgeteilt, deren Insassen über das Geschick des Ajíon Oros bestimmen. Unter der Oberhoheit der Klöster stehen Mönchssiedlungen und Einsiedeleien. Zur Zeit wohnen vermutlich knapp 2000 Mönche auf dem Athos. Verwaltungszentrum ist Karyes in der Mitte der Halbinsel. Der kleine Hafen Daphni liegt in der Mitte der Südwestküste.

historisch: Nachfolgeinstitution des kulturell-geistigen und des geistlichen Aspektes des byzantinischen Reiches. In ihr leben die Traditionen Konstantinopels fort.

biologisch: Naturpark mit reichem Pflanzenwuchs. Als »Menschenschutzgebiet« gedacht ist der Heilige Berg zugleich in die Rolle eines Naturschutzgebietes hineingewachsen, das allerdings heutzutage akut bedroht ist.

verkehrstechnisch: Die Klöster der Südwestküste nördlich des Hafenortes Daphni sind mit einem täglich verkehrenden Boot von Ouranopolis aus zu erreichen. Die weiter nördlich gelegenen Klöster und die Skíti Ajía Anna werden von einem kleineren, in Daphni anlegenden Boot angefahren. Die Klöster der Nordostküste werden dreimal die Woche von Jerissos aus angelaufen – allerdings nur bei ruhiger See. Die einzelnen Klöster und Mönchssiedlungen sind durch ein Netz von Fußpfaden bzw. von Maultiersteigen miteinander verknüpft. Eine Fahrstraße zwischen dem Hafen Daphni und der Verwaltungshauptstadt Karyes wird einmal täglich von einem Bus befahren. Besucher des Heiligen Berges benötigen eine Sondergenehmigung, die für begrenzte Zeit (für Ausländer vier Tage) ausgestellt wird. Frauen ist der Zutritt grundsätzlich untersagt.

Meine Pilgerfahrten zum Athos

Wenn die Bezeichnung »Berg« rein geographisch gesehen im Hinblick auf die gesamte Athoshalbinsel auch nicht ganz zutrifft, so ist sie doch im geistig-religiösen Sinne durchaus stimmig.

Berge erklimmt der Mensch, um dort oben der Gottheit zu begegnen. Auf dem Berg Sinai empfängt Moses von Gott die Gesetzestafeln. Auf

1 Das Klösterchen Grigoríou liegt unmittelbar an der Küste im Südosten der Halbinsel, unweit des Athosgipfels

2 Die Panajía (Allheilige) ist die Herrin des Athos. Er ist ihr Garten. Darstellung der Gottesmutter vom Typ Odijítria über einem Kirchenportal in Watopédi ▷

dem gleichen Berg geht er in die göttliche Wolke ein, ein Erlebnis, das die frühen Mystiker (Anfang des 14. Jhs.) in mystischer Versenkung nachvollziehen wollten. Diese Praxis wurde – und das ist kein Zufall! – von Mönchen, die ursprünglich im Schatten des Sinai ein asketisches Dasein führten, zum Ajíon Oros gebracht (Grigórios Sinaítis und Nikephóros Athonítis, um 1300).

Auf dem Berg Tabor wird Christus vom unerschaffenen göttlichen Licht umhüllt und verklärt. Es ist jenes Licht, das in ekstatischer Schau zu sehen, der Athos-Mönch und spätere Despótis (Bischof) von Thessaloniki, Grigórios Palamás (geb. 1296/7 in Konstantinopel, gest. am 1. 11. 1359 in

Thessaloniki), der Theoretiker des eigentlichen athonitischen Hesychasmus, als Ziel aller mystischen Versenkung bezeichnet. Und so ist denn auch ganz programmatisch jene kleine Kapelle oben auf dem Marmorgipfel des Athos der Metamórphosis (Verklärung) geweiht.

Für den Mönch auf dem Athos ist der Heilige Berg ein Aufstiegsort zu Gott, eine Himmelsleiter. Fast in jeder Trápeza auf dem Athos ist u. a. auch die Himmelsleiter der Mönche als Fresko wiedergegeben. Die Darstellung gibt den Inhalt der Schrift Klimax (Leiter) wieder, die im 7. Jh. Johannes, Abt des Katharinenklosters, verfaßte, der den Himmelsleiter-Berg des Mose – den Sinai – direkt vor Augen hatte.

Für den orthodoxen Gläubigen, für Russen, Serben und Griechen, ist der Heilige Berg immer schon ein Pilgerziel gewesen – das zweitwichtigste nach Jerusalem. Auch heute pilgern Griechen zum Athos, besuchen die Klöster, nehmen an Gottesdiensten und Festen teil. Jeder von ihnen sieht die Mönche als Kämpfer an, die auch mit für ihn und seine Seele allnächtlich im Gebet mit den Mächten der Finsternis ringen.

Und für den Außenstehenden? Ich glaube schon, daß wir, die wir nicht dazugehören – und dies dort mancherorts vergessen, oft auch mit mehr oder minder großer Beklommenheit untergründig spüren, aber gelegentlich auch recht deutlich zu spüren bekommen –, daß wir also doch nur mit der Offenheit eines fahrenden Pilgers den Athos besuchen können. Die Auseinandersetzung mit dem Heiligen Berg konfrontiert einen auch mit dem Sinn des Lebens – vor allem den, der danach sucht. Wer nicht auf der Suche ist, hat auf dem Athos auch nichts zu suchen.

Ich möchte auch betonen, daß der Besuch des Athos eine nicht unerhebliche physische wie auch psychische Belastbarkeit voraussetzt. Der Heilige Berg ist kein touristisches Ziel – und seine Hausherrin möge verhüten, daß ihr Hausgärtchen jemals eines wird!

Ich war 1953 für längere Zeit auf dem Athos, habe zu Fuß alle 20 Klöster der Reihe nach aufgesucht und auch den Gipfel bestiegen. Im folgenden Jahr habe ich eine weitere Pilgerexpedition zum Ajíon Oros unternommen, um dann Jahrzehnte später im Frühjahr 1989 erneut von Athoskloster zu Athoskloster zu wandern.

Damals, in den 50er Jahren, hatte ich den Eindruck, auf dem Athos in einer völlig anderen Welt zu sein. Wieder zurückgekehrt nach Mitteleuropa fiel es mir schwer, daran zu glauben, daß der Athos auch noch irgendwo anders existierte als innerhalb meiner Träume.

In der Zeit, während der ich auf dem Athos weilte, fiel es mir hingegen schwer, zu glauben, daß es noch eine so ganz andere Welt außerhalb von ihm gäbe. Natürlich nahm ich damals auch an, daß der Ajíon Oros irgendwie ausgenommen sei von jeder Geschichtlichkeit – ein Gedanke übrigens, der auch von anderen Besuchern liebevoll gehegt wird. Und doch ist das natürlich ein Irrtum!

Zwischen meinen beiden Besuchen von 1953/4 und 1989 hat sich eine ganze Menge verändert. Der Athos ist eben noch nicht das Paradies. Und die Mönche, die auf ihm leben, sehen ihn ja auch nicht als aus der Zeit herausgehobenes Paradies an, sondern eben als die Leiter dorthin – und die ist ziemlich steil. Manche Sprossen sind ausgesprochen glitschig und die eine oder andere ist auch lose.

Wenn man die etwas persönlicher gehaltene Reiseliteratur verfolgt, so vernimmt man auch Stimmen, die ausgesprochen schwärmerisch sind, die den griechischen »Berg der Verklärung« ihrerseits in verklärendes publizistisches Licht tauchen. Das ist verständlich, weil wohl kaum jemand ohne sehr hochgestimmte Erwartungen zum Heiligen Berg fährt. Und wenn dann Enttäuschungen auftreten, ist es sicherlich leichter, sie zu verdrängen, als sich mit ihnen auseinanderzusetzen. Oder es wird der gegensätzliche Weg beschritten und der Athos nur noch verteufelt. Aus dem Berg der Verklärung ist dann plötzlich ein Berg der Versuchung geworden. Doch ich will versuchen, mich den Versuchungen – ins Rosarote oder aber ins tintig Schwarze auszugleiten – zu entziehen.

Während der letzten Reise hatte ich sehr gute Erfahrungen gemacht, aber auch einiges erlebt, was mich unangenehm berührte. Ich war dann insofern etwas enttäuscht, als ich zunächst meinte, im Gegensatz zur letzten Reise wäre bei meinen ersten Besuchen alles »eitel Sonnenschein« gewesen. Als ich dann aber nochmals meine alten Aufzeichnungen zur Hand nahm, mußte ich entdecken, daß ich schon damals mit einem Gemenge von zwar überwiegend guten, aber doch auch von einigen weniger guten Eindrücken zurückgekehrt war. Nur die Erinnerung war es gewesen, die in der Zwischenzeit alles verklärt hatte. Und dennoch: Wenn ich mich auch manchmal geärgert habe und wenn ich manchmal zu spüren bekam, daß sich auch mancher über mich, den fremden Reisenden, geärgert hat – nach wie vor fasziniert er mich, der Heilige Berg, und ich mag ihn.

3 Der Kodonokroustis ruft mit dem Chirosímandro zum Gottesdienst

Impressionen von Athosreisen

Der Pantokrator und die Liturgie Tótálanton – tótálanton – tótálanton – tótálanton – tótálanton – helle rhythmische Klänge – Holz auf Holz – schallen aus dem Klosterhof herauf, kommen näher, entfernen sich und nähern sich wieder. Der Kodonokroustis (Mönch, der die Signale gibt) schreitet schnellfüßig um das Katholikón herum und schlägt mit einem Klöppel das Chirosímandro, das längliche Klangholz, das zur Andacht ruft. Ich ziehe meine schwarze Hose an, den saubereren von meinen beiden Anoraks und eile zur Kirche. Der Narthex des Katholikón ist leer.

Mit etwas beklommenem Herzen begebe ich mich ins Innere des Katholikón und suche mir an der Westwand etwas seitlich – dort, wo ich bestimmt nicht stören kann – einen Platz im um die Wände umlaufenden Gestühl. Es sind Stehstühle mit hohen Armstützen – so geformt, daß man aufrecht darin hängt und so stehend durchhalten kann, während der langen Akolouthien von Mitternacht bis zum Morgen. Vor hohen Festtagen wird durchgefeiert – der Gottesdienst umgreift die ganze Nacht. Alte, Kranke und Ermüdete können während der weniger wichtigen Teile des Gottesdienstes einen Klappsitz nach oben schwenken.

Obwohl jetzt – zu Beginn der großen Liturgie am Morgen – schon die Sonne scheint, ist es in der Kirche recht dunkel. Meine Augen werden angezogen von der Helligkeit des Lichtes, das durch den Fensterkranz des Kuppelzylinders hereinfällt. Es beleuchtet die Darstellung des Brustbildes des Christus Pantokrator (Allherrscher) mit seinen gewaltigen Abmessungen, größer im Maßstab als alles andere, was sonst noch in der Kirche zu sehen ist. Blickt er aus großen schwarzen Augen gütig herab? Oder streng, liebevoll oder zürnend? Das wird wohl jeder so empfinden, wie es seinem eigenen Gemüt entspricht – je nachdem, ob es voller Güte ist oder Strenge, voller Liebe oder voller Zorn.

Die Rechte erhebt der Pantokrator zum Segensgestus, jener Fingerhaltung, die das Namenskürzel J*ESOU*S C*H*R*IST*O*S* formt. In der Linken hält er das Buch – zugleich das Buch des Lebens und das Ewanjélion, das Lektionar mit den auf den Kreis des Kirchenjahres abgestimmten Lesungen aus den Evangelien, der Apostelgeschichte und den Episteln des Neuen Testamentes, die unten im Schiff während der Gottesdienste vorgetragen werden. In einem konzentrischen Ring um Christus herum feiern die

4 Der Kuppel-Pantokrator in Jéra Moni Dochiaríou. Während der Feier des Mysteriums des heiligen Abendmahls repräsentiert der Priester Christus in dessen Eigenschaft als der opfernde Hohepriester. Christus mit dem Ewanjélion (Perikopen-Buch) in der Linken, wird in der Hauptkuppel jeder Kirche dargestellt. In diesem Fall ist er umgeben von Engeln und Cheruben/Seraphen mit der Gottesmutter in Orantengestus (an der Apsis-Seite) und – hier nicht sichtbar – dem Täufer (auf der Eingangseite). Durch die erst in nachbyzantinischer Zeit übliche Verknüpfung des Pantrokrators mit Maria und Johannes wird die Kuppeldarstellung gleichzeitig zur Deisis (Fürbitte).

Im Tambour wechseln zwölf Fenster mit zwölf Prophetenfiguren ab. In den Pendentifs finden sich die vier Evangelisten in der Reihenfolge ihrer Anordnung im Perikopenbuch. Dazwischen im Osten das Mandylion (Tuch mit dem wahren Antlitz Christi), gegenüber das Keramíon (Ziegel, auf dem sich die Mandylion-Darstellung übertragen hat). In den Tonnen sind Festtagsbilder zu sehen – rechts die Geburt Christi und Darstellung im Tempel

Engel die himmlische Liturgie, den Höhepunkt des gottesdienstlichen Lebens, auf den hin alle Andachten zulaufen. Die Kommunion ist nach ostkirchlichem Verständnis das große Opfer der Menschheit an Gott, in der Christus zugleich als der opfernde Hohepriester (NT: Hebr. 4,14–16) wirkt wie auch zum geopferten Lamm wird.

Jetzt, zu Beginn der Liturgie, befinden sich nur vier Mönche im Katholikón – zwei stehen im südlichen Chor und psalmodieren. Einer streicht über seinen schwarzen, über die Kopfbedeckung geworfenen Schleier, stellt sich in den Stuhl neben mich und fragt mich nach dem Woher und Wohin. Nur 16 Mönche, alle mit langem weißem oder doch ergrautem Barte, leben in diesem Kloster. Nach und nach tröpfelt einer nach dem anderen herein - auch der Jerontas, der Älteste. Vater Athanasi, der, der mich gerade ausgefragt hat, tuschelt ziemlich laut mit dem Jerontas, erklärt ihm und später auch einigen anderen Dazukommenden mehrmals, daß ich ein guter Mensch sei, daß ich schon zweimal auf dem Athos gewesen, woher ich komme und was ich beabsichtigte. Ein Mönch verläßt das Katholikón, zwei andere kommen - der ganze Gottesdienst scheint auseinanderzufließen. Alles wirkt so unkonzentriert und so zerfahren.

Die Neueintretenden begrüßen erst den Hausherrn. Sie verneigen sich vor der Christusikone rechts neben der schönen Pforte der Bilderwand, bekreuzigen sich dreimal mit weitausholenden Gesten - von oben nach unten und von rechts nach links. Ich habe den Eindruck, sie wollen das Kreuz in ihren Körper eingraben oder einbrennen. Sie küssen den Pantokrator ganz innig und gehen dann zur Ikone der Panajía (Allheilige), der Hausherrin links von der Pforte. Auch Johannes der Täufer und der Namensheilige der Kirche (bzw. die Ikone des Festes, dem die Kirche geweiht ist) werden begrüßt. Irgendwann und irgendwie ist der Psalmengesang umgeschlagen. Ekstatische Klangfontänen sprühen perlend nach oben, streben bebend danach, den Pantokrator im Kuppelrund oben (das der Himmel ist) zu erreichen.

Plötzlich und wider alles Erwarten ist die fast armselige Schar betagter Mönche in einen förmlichen Rausch intensiv andächtiger Hochgestimmtheit geraten. Und noch etwas - gerade in diesem Kloster hat man alle Mönche in die Liturgie einbezogen, jeder hat eine Aufgabe übernommen - einige singen, andere lesen vor, wieder andere kümmern sich um die Kerzen, keiner ist ausgeschlossen, ist bloßer Gottesdienstkonsument.

Der erste Höhepunkt der Liturgie naht. Der Priester mit dem Ewanjélion in der Hand zieht - im sogenannten kleinen Einzug - durch das Innere des Katholikón und durch die schöne Pforte. Er verkörpert und vertritt in diesem Augenblick den Christus Pantokrator, der von oben her hereinbricht in seiner Gestalt als das göttliche Wort, als der Logos. Er wird im Moment des großen Einzugs mit den Gaben der Kinonia (Kommunion) der Allherrscher in Gestalt von Brot und Wein sein, während sich die psalmodierenden Träger des Engelkleides, die Mönche also, in die Engel und Erzengel, die Cherubim und Seraphim verwandeln, die den überhimmlischen Altarthron Gottes lobsingend umgeben.

Aufzeichnungen aus einem idiorrhythmischen Kloster, 1989

Armer Teufel Ich sitze in der Küche. Im schwarzen Herd bullert rotes Feuer. Etwas Weißes rast kreischend zwischen meinen Beinen hindurch und verschwindet in einer aus vergrautem Kistenholz zusammengezimmerten Kommode. Es war die Katze, deren Schwanz der Laienbruder Archontaris (zuständig für die Gäste) zusammengeknüllt hat wie ein Stück Schnur. Sein Gesicht unter dem vollen und wilden schwarzen Bart verzieht sich zu einem gequälten Lächeln. Er stellt mir einen Napf mit Suppe auf den Tisch – Bohnen mit Tomaten, dazu einen Klumpen vom dunklen, eisenharten Athosbrot, das sich über Monate hinweg lagern läßt. Und während er mir noch eine Untertasse mit sechs Oliven reicht, große, frische, noch etwas grünliche Tomaten und Zwiebeln schneidet, um sie mit einem Schuß Olivenöl zum Salat anzurichten, flüstert er mir – sich ängstlich umblickend – zu: »Nix gutt – nix gutt Essen hier!« Ein Griff in die Kommode. Er packt die panisch miauende Katze an den Hinterbeinen und zerrt sie mit einem Ruck aus ihrem Schlupfwinkel: »Nix gutt auf dem Athos, nix Fleisch essen.« Und er beugt sich zu mir herunter und wispert noch leiser und gepreßter: »Ich arm Teufel, nix Zigarett, und nix Madam, auch nix angucken.«

Aufzeichnungen aus einem idiorrhythmischen Kloster, 1954

Abendessen beim Igóumenos Ich warte ab, bis die Sonne schon etwas tiefer gesunken ist. Dann nähere ich mich dem Kloster. Im Sommer in der Mittagszeit einzutreffen hieße, die für die Gäste zuständigen Mönche aus dem Schlaf aufzuscheuchen. Mönch zu sein, das bedeutet aber, bei Nacht zu beten, gegen die Ungeister der Dunkelheit zu kämpfen – und sich dafür am Tag durch einige Stunden Schlaf zu stärken. Wie bisher in allen Klöstern empfängt mich auch hier der Vater Archontaris überaus freundlich, ja mit einem Anflug von Herzlichkeit. Er führt mich in den Gästetrakt, geschmückt mit Spiegeln, alten Stichen des Klosters, kolorierten Fotos des Königs und der Königin und vergilbten Drucken mit den Porträts griechischer Freiheitskämpfer.

Kaum habe ich es mir in der Gästekammer bequem gemacht, klopft der Vater Archontaris an die Tür und bittet mich, zum Igóumenos, zum Abt, zu kommen und mit ihm zu speisen: würzige grüne Bohnen in Tomatensoße, scharfe, in Öl eingelegte Sardellen, dunkles Athosbrot, kräftiger roter Wein. Beim griechischen Kaffee holt der Abt ein Schreiben hervor und bittet mich, es zu übersetzen. Es stammte aus den Staaten. Die Frau seines Bruders, von dem er während des Krieges und in den Wirren der Nachkriegszeit nichts mehr gehört hatte, teilte ihm mit, daß sein Bruder nach Amerika gelangt war, sie geheiratet hatte, in eine Freikirche übergetreten und unlängst gestorben sei. Mit Tränen in den Augen fragt mich der Igóumenos, ob die Leute in der Freikirche an Gott glauben. Ich kann das bejahen, und er sagt, indem er sich mehrmals bekreuzigt: »Dann ist ja alles gut. Ob wir Orthodoxe sind, Evangelische oder Katholiken, ob wir Muslims sind oder Hindus – es ist immer derselbe Gott, an den wir glauben. Und der liebt uns alle.« Dann diktiert er mir ein langes, väterliches und tröstliches Antwortschreiben an die Frau seines Bruders in Amerika.

Aufzeichnungen, 1953

Ich saß auf einer Steinbank im Halbdunkel einer offenen Vorhalle eines Klosters. Ein junger Franzose, der recht gut griechisch sprach, trat in den Hof und versuchte einige Aufnahmen zu machen. Da näherte sich ihm ein junger Mann, ein Anwärter auf den Mönchsstand (der gerade seine zwei- bis dreijährige Probezeit absolvierte), und fragte ihn: »Sag mir mal, an was glaubst du eigentlich?« »Nun – ich glaube an Gott ...« »Schön, schön – aber sag mir, an was glaubst du wirklich?« »Wenn du das genau wissen willst – ich glaube an Gott, an Christus und an die Allheilige – genau wie ihr!« »Genau wie wir – bist du orthodox?« »Nein – bin ich nicht! Ich bin ...« »Das ist nicht wichtig, was du bist. Wenn du nicht orthodox bist, dann glaubst du nichts!«

Der Vater Archontaris, der sich das eine Weile mit angehört hatte und für den das Gespräch eine Wendung nahm, die ihm offensichtlich immer peinlicher wurde, sagte zu dem Jungen: »Nun laß ihn, er ist ein Freund unserer orthodoxen Kirche.« Der Junge darauf: »Aber wenn er nicht ortho...« Der Vater Archontaris forderte ihn auf, seine Arbeit fortzusetzen, wendete sich an den Gast aus Frankreich und an mich: »Ach kommt doch mit in die Küche, ich mache uns einen guten Kaffee!«

Aufzeichnungen, 1989

Völlig durchnäßt komme ich in einem Kloster an. Es hatte den ganzen Tag über geregnet. Doch das, was von oben kam, war nicht so schlimm. Ich war auf den alten, mit Steinen ausgelegten Maultierwegen etwa 25 km gegangen. Seitdem man auf dem Athos keine Stierkälber mehr aufwachsen läßt, die die Pfade entlangrasen, und seitdem die Maultiere vor allem die neuen Erdstraßen für den Holztransport benutzen, wuchern diese Pfade zu. – Und die nassen Pflanzen, die haben natürlich ihre gesamte Wasserlast an meinen Beinen abgestreift.

Der Vater Archontaris empfängt mich mit den Worten: »Sind Sie aber naß. Sie müssen sich erst einmal richtig aufwärmen.« Er führt mich in ein Zimmer mit einem eisernen Ofen, macht Feuer und legt einige dicke Holzscheite auf. Dann bringt er einen Napf mit heißer Bohnensuppe, dazu frischen Salat und Brot. Kurz darauf erscheint er nochmal, stellt mir eine große Tasse hin, in der ein Glas gefüllt mit Tsipouro (Trester-

5 Reliefplatte mit drei Kreuzen. Links: Malteserkreuz. Mitte: Ranken-Kleeblattkreuz. Rechts: sechsstrahlige Sternblüte (spielt auf das Monogramm Christi an). Die Platte, eingelassen in eine Außenwand des Katholikón von Jéra Moni Chilandaríou, ist mittelbyzantinisch oder etwas älter

schnaps) steht. Der Tsipouro ist übergelaufen und füllt fast auch noch die ganze Tasse: »Was soll man machen«, sagt er, »zu klein ist das Glas und zu groß das Faß!« In diesem Kloster konnte ich mich körperlich und seelisch richtig aufwärmen. *Aufzeichnungen, 1989*

Der nördlichste Finger der Halbinsel Chalkidikí

Die langgestreckte Halbinsel mit dem Marmorgipfel

Der nordöstliche Finger der Chalkidikí Die Chalkidikí ist die einzige Halbinsel des griechischen Landesteiles Makedonía. Sie erstreckt sich wie eine große Hand mit drei leicht gespreizten Fingern vom Gestade der Nordküste aus in ungefähr südöstlicher Richtung in die Ägäis. Ihre Nordgrenze ist eine Linie, die von Thessaloniki aus ziemlich genau nach Osten verläuft, etwa da, wo einst in der Antike die Via Egnatia Europa mit Kleinasien verband. 1921 fluteten über diese Strecke die aus Kleinasien fliehenden Griechen nach Westen. Daher gibt es in der Chalkidikí neben den Dörfern der Alteingesessenen besonders viele der von den kleinasiatischen Griechen errichteten Ansiedlungen.

Die drei Finger sind sozusagen Halbinseln an der Halbinsel. Die südwestlichste ist die Kassandra (auch Phlegra, Pallini), die mittlere Sithonia (auch Longgos) und die nordöstliche der Athos, in der Antike gelegentlich Akte (= Küste) genannt.

Geographisch beginnt die Halbinsel Athos an der lediglich 2 km breiten, recht ebenen und niedrigen Engstelle zwischen den heutigen Orten Néa Róda und Tripití. Diese Einschnürung hat einst Xerxes durchstechen lassen (siehe Zeittafel, Seite 198 ff.). Die politische Grenze ist 7 bis 8 km weiter nach Osten versetzt. Dort, etwa 2 km hinter Ouranopolis, zieht sich der Höhenzug Megali Wigla (große Wacht), ein Querriegel aus Kalkstein (Höhe zwischen 200 und 500 m), nach Norden. Er mündet in einen ebenfalls nach Norden in den strymonischen Golf der Ägäis vorstoßenden Halbinselsporn ein. Vor dieser Linie beginnt die Grenze zum knapp 50 km langen und zwischen 5 und 10 km breiten Territorium des Ajíon Oros. (Die Fläche wird unterschiedlich groß angegeben: 321, 336 oder 382 km².) Die Grenzlinie selbst ist überall dort, wo nicht von Natur aus unzugänglich, mit Mauer und Stacheldraht gesichert; sie wird seit einigen Jahren streng bewacht.

Vom Querriegel an zieht sich durch die ganze Länge der Athoshalbinsel ein Gebirgskamm, ähnlich dem Rückgrat einer Echse. Die Zacken des Kammes werden immer höher und steigen im schwach besiedelten ersten Viertel der Halbinsel vor den ersten Klöstern (Jéra Moni Chilandaríou, Zográphou, Dochiaríou) bis zu 382 m Höhe an. Im Bereich bis zur Mesi (der in Wirklichkeit etwas nach Osten versetzten Mitte), unmittelbar bei Karyes (dem Verwaltungszentrum), schließen sich zwei Zacken mit 591 m (Kryowouno) und mit 644 m (Anapapsia) an. Dahinter nimmt der Kamm nochmals zwei Anläufe mit Zacken von 900 m und 1042 m, um schließlich extrem steil zum Athoskegel mit seinen 2033 m anzusteigen.

Koryphí Athona – ein Gipfel aus reinem Marmor Der in manchen Jahren bis in den Mai hinein schneebedeckte Gipfel ist vom Süden und Süd-Süd-Osten her zugänglich. Alpinistische Kenntnisse sind nicht erforderlich, doch ist – bei Zeus dem Blitzeschleuderer – die Wetterlage zu berücksichtigen.

Über den Blick vom Gipfel aus wird Märchenhaftes berichtet: An klaren Tagen – ich selbst war leider an einem zwar sonnigen, aber etwas dunstigen Tag dort oben – soll Konstantinopel zu sehen sein. Die Tragödie *Agamemnon* von Aischylos weiß zu berichten, daß der Fall Trojas den zu

6 Karte der Athoshalbinsel. Der Finger erstreckt sich fast genau von Nordwesten nach Südosten ▷

Die heilige Geographie des Heiligen Berges

- *Der Athosfinger zeigt direkt in Richtung Jerusalem.*
- *Die Linie nach Jerusalem schneidet Ephesus, den Ort, da die Gottesmutter, die Herrin des Ajíon Oros, lebte.*
- *Der Athos liegt im Schnittpunkt des Kreuzes, das die vier Orte verbindet, in denen der Apostel Paulus das Evangelium verkündete: Philippi – Athen – Thessaloniki – Troja.*
- *Die Spitze des Athos weist direkt zum Himmel.*

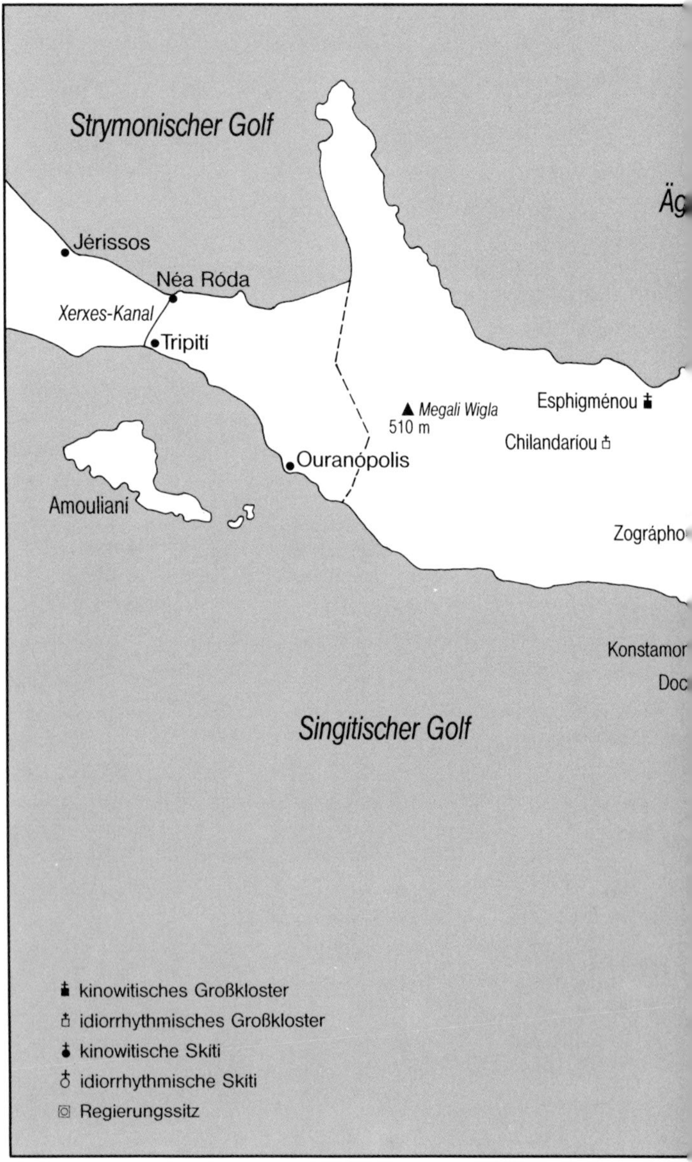
Strymonischer Golf
Äg
Jérissos
Néa Róda
Xerxes-Kanal
Tripití
Megali Wigla
510 m
Esphigménou
Chilandariou
Ouranópolis
Amouliani
Zográpho
Konstamor
Doc
Singitischer Golf
kinowitisches Großkloster
idiorrhythmisches Großkloster
kinowitische Skíti
idiorrhythmische Skíti
Regierungssitz

Meer
ALBANIEN
Makedonien
Chalkidiki
Athos
GRIECHEN-
LAND
Ägäisches Meer
Ionisches Meer
Athen
pédi
hóntos
Ilias
Pantokrátoros
Serai
Stawronikita
Karyes
outloumousíou
Íwiron
Panteleïmonos
otámou
Philothéou
Karakállou
Daphni
Símonos Pétras
Grigoríou
Dionysíou
Méjisti Láwra
Ajíou Pawlou
Berg Athos
2033 m
Néa Skíti
Ajía Anna
Kerásia
Prodrómou
Berg Karmel
Kawsokalýwia
Karóulia
Katounákia

Hause gebliebenen Hellenen mit Signalfeuern übermittelt wurde, die man auf dem kleinasiatischen Küstenberg Ida, auf Lemnos und auf dem Zeus geweihten Athos entzündet hatte – was übrigens ganz glaubhaft klingt.

Der gesamte Bergkegel besteht aus kristallinem Kalk – leuchtend weißem Marmor. Auf die Idee, ihn zur Glorifizierung des Herrschers zu nutzen, kam schon der Architekt Deinokrates. Er schlug Alexander dem Großen vor, den Athosgipfel in eine marmorne Kolossalstatue des Welteroberers zu verwandeln, die in einer Hand die Wasser des Berges sammelt, in der anderen eine blühende Stadt hält. Alexander verzichtete auf dieses Monument der Hybris, der die Götter herausfordernden Überheblichkeit.

7 *»Da waren sehr große weiße Vögel ... sie fraßen verendete Tiere ... Ich ließ zwei von ihnen einsperren und ihnen drei Tage lang kein Fressen geben. Am dritten Tag ließ ich ein hölzernes Joch fertigen und dies an ihren Hälsen anbringen. Daran formte ich eine Kuhhaut als eine Art von Korb und stieg hinein; in der Hand hielt ich eine Art Speer, sieben Ellen lang, mit einer Pferdeleber an der Spitze. Sofort flogen die Vögel los, um die Leber zu fressen, und ich stieg mit ihnen in die Luft, daß ich meinte dem Himmel nahe zu sein« (Himmelfahrtsbericht des* Alexander-Romans; *Brief an Aristoteles). Relief (möglicherweise 9. oder 10. Jh.), eingemauert in das Katholikón von Jéra Moni Dochiaríou*

Und dennoch findet sich heute auf dem Athos ein Alexander-Denkmal, ein wesentlich kleineres allerdings. Es ist eine Reliefplatte, eingelassen in die Außenmauer des Katholikón von Dochiaríou. Und auch das handelt wieder von des Herrschers Hybris.

Alexander – so der Alexander-Roman (das im Mittelalter meistgelesene Buch nach der Bibel!) – wollte, nachdem er die Welt erobert hatte, auch noch in den Himmel vordringen. Doch ein Flügelwesen verwehrte ihm den Weiterflug.

Die Athosüberlieferung (nach Feigl) besagt, daß Alexander selbst den Auftrag gegeben habe, das Relief seiner Himmelfahrt auf dem Athos aufzustellen – und sicherlich paßt das Motiv an einen Ort, wo sich seit Jahrhunderten Mönche bemühen, die steilen Stufen hinauf zum Himmel zu erklimmen.

Die Maultier- und Pilgerpfade Die traditionellen, mit unbehauenen Steinlagen gepflasterten Maultierpfade verliefen und verlaufen auch noch heute entlang der Küste rund um die gesamte Halbinsel, sind aber in der Grenzzone unpassierbar. Ein weiterer Maultierweg zieht sich über und entlang dem Mittelkamm, spart allerdings die unzugänglichen Zacken aus und mündet in knapp 1000 m Höhe vor dem Steilanstieg des Gipfels in einen Athosumrundungspfad (Jéra Moni Ajíou Páwlou bzw. Dionysíou – Méjisti Láwra – Skíti Prodrómou – Skíti Kawsokalywia – Skíti Ajía Anna) ein. Darüber hinaus bestehen noch weitere fünf von alters her überkommene Querverbindungen zwischen der nordöstlichen und der südwestlichen Küstenlinie der Athoshalbinsel.

Die ursprünglichen Athoswege mögen dem, der sie nicht gewohnt ist, beschwerlich vorkommen. Sie führen im bunten Wechsel steil aufwärts und dann wieder in tiefe Schluchten hinab, in niederen Höhen durch üppiges blühendes Buschwerk hindurch, weiter oben durch Maronenwälder und noch darüber durch dichtes Nadelholz. Überall eröffnen sich überraschende Ausblicke auf Berge und Meer, auf Skiten und Klöster.

Der Heilige Berg auf dem Holzweg Was ich hier beschrieb, war der Zustand des Wegesystems auf dem Ajíon Oros, wie es vielleicht vom 11./12. Jh. an bis zum Jahre 1962 bestanden hatte. Schuld daran, daß sich das alles änderte, war König Konstantin von Griechenland: Er wollte absolut nicht zur 1000-Jahr-Feier des Athos (eigentlich nur des Klosters

8 Maultier- und Wanderpfad (Pezodrómion) auf dem Ajíon Oros. Auf ebenen Strecken ist jeweils nach etwa zehn Steinlagen, auf abschüssigen nach etwa fünf, eine Kante aus hochgestellten flachen Steinen dazwischengefügt. Sie gibt, wenn die Steine naß und glitschig sind, den Hufen der Maultiere und Eselshengsten Halt

Mejisti Lawra) auf einem Eselsfüllen nach Karyes reiten – und so baute man eine Autopiste zwischen dem Hafen Daphni und Karyes. König und Königtum sind inzwischen vom Hauche der Geschichte hinweggeweht. Die Piste ist jedoch geblieben und wie ein bösartiges Geschwür weitergewuchert. Heute durchzieht ein Labyrinth von Erdstraßen die gesamte Athoshalbinsel. Die Bulldozer stehen auch jetzt noch dort und zerschrammen weiterhin die grüne Haut der einstmals urtümlichen Wildnis.

Ein Ende ist nicht abzusehen, aber das Ende der paradiesischen Landschaft: Die Sommerwinde wehen die Erde weg; die Regengüsse des Winters spülen sie ins Meer. Auf den Erdwegen dringen Trucks in die Wälder vor: Die Klöster haben Teile ihres Waldbestandes an Holzhändler verkauft, die munter die besten Hölzer, vor allem das Maronenholz, schlagen und abtransportieren.

Die Behauptung mancher Athoniten, es würde nur so viel Holz abgeschlagen, als auch wieder nachwüchse, halte ich für eine Illusion, ich bin von Méjisti Láwra aus versehentlich einem Bulldozerweg gefolgt, immer höher und höher gestiegen, bis die Straße in etwa 1500 m Höhe mitten in einem schon stark abgeholzten Bergwald, direkt unterhalb eines Steilanstieges zum Athosgipfel, endete. Nun hatte ich also am eigenen Leib erfahren, was es heißt, sich auf dem Holzweg zu befinden.

Aber auch die Forstpolitik der Athosklöster befindet sich zur Zeit auf demselben. Was wird geschehen, wenn die Bergwälder, die die Klöster und Einsiedeleien zu Füßen des Athos vor Steinschlag schützen, zu sehr ausgedünnt sind?

Das Schlimme ist, daß den Klöstern gar nichts anderes übrigbleibt, als nach und nach ihre Halbinsel abzuholzen; dies ist nämlich ihre wichtigste Einnahmequelle. Von 1923 an hat der griechische Staat in zunehmendem Maße begonnen, über kirchliches Eigentum selbst zu verfügen – gegen eine sogenannte Entschädigung, die vorne und hinten nicht ausreicht, um die Existenz der Klöster zu sichern. Eine Lösung des Problems wäre nur dann in Sicht, wenn die Europäische Gemeinschaft mit der Selbstverwaltung des Athos vereinbarte, das Territorium unter Naturschutz bzw. Landschaftsschutz zu stellen und dort nur Selbstversorgungslandwirtschaft zuzulassen. Das bedeutete natürlich, daß die Klöster zunächst ausreichend subventioniert werden müßten, zumindestens so lange, bis neue Einkommensquellen gefunden worden sind, die ihnen eine gesunde wirtschaftliche Basis geben.

9 Schon von jeher wurde Holz vom Athos verkauft. Solange es mit der Handsäge und dem Beil aus den Bergwäldern herausgeschlagen und dann mit Maultieren abtransportiert wurde, war die Vegetation nicht ernsthaft gefährdet. Inzwischen hat man den Arbeitsprozeß »rationalisiert«: Das Kreischen der Motorsägen übertönt den Gesang der Nachtigallen. Trusks transportieren mehr Holz ab als nachwachsen kann

Die Europäer sehen jedenfalls nicht so sehr gut aus, wenn sie den Untergang der tropischen Regenwälder in Brasilien und Kalimantan beklagen, gleichzeitig jedoch die letzten noch einigermaßen natürlichen mediterranen Waldbestände zu Grunde gehen lassen.

Die Republik der Mönche

Abaton - die unbetretbare Halbinsel

Die Athoniten und das große Abaton Das deutsche Wort Mönch stammt von griech. *monachós* (Mönch, Klosterbruder) ab, und das ist seinerseits wieder abgeleitet von *monáchos* (einsam, allein). Ursprünglich war der Einsiedler damit gemeint. Gebräuchlich ist heute im Griechischen *Kalójeros* (guter Alter) - und es empfindet niemand als störend, wenn auch ein 25- oder 30jähriger Klosterbruder so benannt wird. Alle Athos-Mönche, ob im Kloster oder außerhalb lebend, sind *Ajiorítes* (Bewohner des Ajíon Oros). Einige dort stationierte Beamte, Polizisten, Zöllner - alles Mitarbeiter des Gouverneurs, der Griechenland vertritt - sowie ein paar von den Klöstern angeheuerte Landarbeiter haben längere Zeit, oft einige Jahre, auf dem Ajíon Oros zu tun. Ansonsten sind alle ständigen Bewohner des Athos Träger des Engelkleides, des schwarzen, oft auch ausgebleichten Rason bzw. des Mandyas; sie haben alle, gleichgültig, woher sie kommen, die griechische Staatsangehörigkeit.

Zur Männerwelt des Heiligen Berges hat nur eine einzige Frau Zutritt, seine Besitzerin, die *Panajía* (Allheilige). In einer von Grigórios Palamás verfaßten Vita des heiligen Petros des Athoniten wird dargelegt, wie die Gottesmutter nach einem Besuch des auferweckten Lazaros auf Zypern durch einen Sturm an die Gestade des Athos verschlagen wurde. Dessen paradiesische Natur versetzte sie in solch ein Entzücken, daß sie sich dieses Stückchen Erde als ihren Garten von ihrem Sohn erbat.

Schon der Begründer des Eremitentums Antonios untersagte es Frauen, sich der Klause eines Einsiedlers zu nähern. Das Awaton (*Abaton,* Unbetretbarkeit) durch Frauen galt seit frühbyzantinischer Zeit für alle Männerklöster und im Prinzip vermutlich schon von Anbeginn auch für den Athos – lange bevor es 883 ausdrücklich durch einen kaiserlichen Chrysoboulos Logos bestätigt wurde. Nicht einmal weibliche Heilige sind sonderlich willkommen.

10 Als Kind lebte die Gottesmutter im Tempel zu Jerusalem und wurde von einem Engel mit himmlischem Brot gespeist. Die Szene aus dem Protevangelium des Jakobus (2. Jh.) ist eine typologische Anspielung auf die Eucharistie. Zwischen der Gottesmutter und dem Abendmahl bestehen vielerlei Beziehungen. Da sie Gott in sich barg, repräsentiert sie das Behältnis für die göttlichen Gaben, in denen sich Gott den Menschen gibt. Darstellung (spätes 18. Jh.) aus der Phiáli der Jéra Moni Chilandaríou

Auf dem Athos sind viele Kirchen der Gottesmutter geweiht; Weihungen für andere heilige Frauen sind unzulässig. Diese doch schon etwas absonderliche Regel wird allerdings nicht ganz konsequent eingehalten. Das Abaton wurde in mehreren kaiserlichen Erlassen und Verfügungen von Patriarchen aufgefrischt, durch Firmane der Sultane bestätigt und ist auch in der griechischen Verfassung verankert. Eine Frau, die beim Versuch, den Athos zu betreten, erwischt wird, muß für zwei bis zwölf Monate hinter Gitter, unbeschadet einer darüber hinaus noch zusätzlich fälligen Geldstrafe.

Die Angst vor kultischer Verunreinigung Die zur Zeit herrschende »Zeitgeistin« mag dazu neigen, sich durch das Awaton diskriminiert zu fühlen. Nun – *awaton* ist jedes Allerheiligste, jeder durch die Bilderwand geschützte Bezirk um den Altar in jeder orthodoxen Kirche. Es entspricht nicht so sehr einer Geringschätzung alles Weiblichen, als vielmehr einer fast heiligen Scheu davor. Einerseits soll die Versenkung des Mönches durch die Verführungsfähigkeit der Frau nicht beeinträchtigt werden. Andererseits wird ihrem Blut eine magische Kraft zugesprochen, die dem Heiligen gefährlich werden könnte. So darf eine Wöchnerin vor ihrer Reinigung (vor dem 40. Tag, nachdem sie geboren hat) keine Kirche betreten.

11 »Betreten für Frauen verboten«-Schild an der Grenze des Athos. Im Griechischen wird eine rein zoologische Bezeichnung für das Weibliche verwendet

Als magisch gefährlich und verunreinigend gilt auch das Menstruationsblut. Die einschlägigen Vorschriften stammen aus dem Alten Testament (3. Mose 12,1–8 und 15,15–30), waren aber auch im antiken Griechenland verbreitet. So war die Insel Delos awaton für Frauen. Religionsgeschichtlich gesehen findet sich kaum eine Stammes- oder Hochreligion, in der es keine Gebote zur Meidung des Heiligen für Menstruierende oder Wöchnerinnen gäbe. Auf der anderen Seite ist die Mutter, die Gott geboren, die Königin des Heiligen Berges. Als einstmals die Kaiserin Galla Placidia – so die Überlieferung – nach der Fertigstellung des Katholikón von Jéra Moni Watopédiou sich Zutritt verschaffen wollte, ertönte eine Stimme aus der Richtung der Ikone der Gottesmutter: *»Halt ein. Keinen Schritt weiter! Was suchst du als Frau hier an diesem Ort? Ich weiß, du bist eine Königin, aber hier regiert eine andere Königin. Geh und verlasse diese Kirche sofort, kein Fuß einer Frau soll diesen Boden betreten!«*

Unzugänglich für weibliche Tiere Irgendwann im 8. Jh. war in Klöstern im Norden Kleinasiens (Bithynien) der Brauch aufgekommen, auch weibliche Tiere aus den Klöstern zu verbannen. Das berühmte Studion-Kloster in Konstantinopel hat sich dem angeschlossen, und Athanasios der Athonit hat unter anderem auch diese Regel aus dem Typikon für das Studion-Kloster für Méjisti Láwra übernommen. Die Gründe dafür mochten in der Scheu vor der Macht der weiblichen magischen Kraft liegen, aber doch auch in der Absicht, die Gelegenheit zur Sodomie zu unterbinden. Möglicherweise sollte auch sichergestellt werden, daß sich die Ajíorítes stets ganz konsequent galakto-vegetarisch ernähren.

Regierungssitz Karyes

Zwanzig weitgehend selbständige Klöster zwischen Athen und Konstantinopel Die Hoheitsrechte über alle anderen Ansiedlungen des Athos liegen bei den 20 herrschenden Klöstern, deren Zahl in der Athosverfassung von 1924 ein für allemal festgeschrieben ist. Alle Skiten, Kellia und Einsiedeleien sind von einem der 20 Klöster abhängig als streng kontrollierte Dependanzen. Die Territorien, die den Klöstern gehören, überdecken lückenlos die gesamte Halbinsel. An diesem Zustand darf nichts geändert werden. Die geistliche Oberaufsicht über die 20 Klöster, die sich als »*selbst-regierend, kaiserlich* (gegründet und unterstützt von den byzantinischen Kaisern), *patriarchal und aus der Quelle des Kreuzes stammend«* bezeichnen, liegt allein beim ökumenischen Patriarchen in Konstantinopel. Dies drückt sich auch darin aus, daß innerhalb der Liturgie oder anderer Gottesdienste nur für ihn und für keinen anderen Würdenträger der Kirche gebetet werden darf. Kein Metropolit oder Bischof darf ohne schriftliche Ermächtigung des Patriarchen auf dem Ajíon Oros eine Amtshandlung vornehmen. Doch auch der Patriarch selbst wird auf dem Athos nur tätig, wenn er eingeladen ist. Seine Zuständigkeiten sind auf den rein geistlichen Bereich beschränkt.

12 Blick auf Jéra Moni Dionysíou, dem fünften Kloster in der hierarchischen Rangordnung der Athosklöster

Der griechische Staat wird von einem in Karyes residierenden Gouverneur, der dem Außenministerium in Athen unterstellt ist, repräsentiert.

Die *Jéra Kinótis tou Ajíou Orous Atho* als Legislative Die Heilige Gemeinschaft tagt ständig in ihrem Gebäude in Karyes. Ihre 20 Vertreter *(Antiprósopi)* – meist kommen sie montags, mittwochs und freitags zusammen – werden in den 20 Klöstern jeweils nach ihren eigenen Regeln in der ersten Januarhälfte jedes Jahres gewählt und in den Hauptort entsandt. Dort leben sie während ihrer gesamten Amtszeit in Zellen, die dem Kloster, das sie entsandt hat, gehören. Eine Wiederwahl ist möglich. Die Antiprósopi müssen mindestens 30 Jahre alt sein und sind verpflichtet, in Verwaltungs- und Finanzfragen ihr Kloster zu konsultieren. In Rechtsfragen müssen sie selbständig entscheiden.

Die Jéra Kinótis repräsentiert die höchste Autorität auf dem Athos. Sie wird gelegentlich als *Parlament* der *Mönchsrepublik* bezeichnet. Tatsächlich stellt sie das rechtsprechende Gremium dar, dessen legislativer Rahmen in der Athosverfassung von 1924 festgelegt ist und von ihr stark eingeschränkt wird. Die Entscheidungen der Kinótis sind für die Klöster absolut bindend, wobei sie prinzipell möglichst wenig (und wenn, dann behutsam) in die Selbstverwaltung der Klöster eingreift. Es kommt immer wieder einmal vor, daß in einem Kloster Anweisungen der Kinótis in den Wind geschlagen werden, weil man sich stark genug fühlt, seine eigenen Angelegenheiten selbst zu regeln! Alle Verlautbarungen werden von der Epistasía mit dem Dienstsiegel bestätigt. Die Epistaten haben nicht das Recht, ihre Zustimmung zu verweigern.

Die *Jéra Epistasía* als Exekutive Die laufenden Regierungsgeschäfte delegiert die Jéra Kinótis an ein Gremium von vier Mönchen aus vier Klöstern, die Jéra Epistasía (Heiliger Vorstand). 1782 wurden die Athosklöster vom Patriarchen in fünf Tetraden eingeteilt, an deren Spitze jeweils eines der fünf in der Klosterhierarchie an oberster Stelle stehenden Klöster steht. Die Klöster einer Tetrade stellen jeweils im Wechsel die vier Epistaten. Die Protepistaten stammen dabei aus Láwra, Watopédi, Íwiron, Chilandaríou oder Dionysíou. Diese bevorrechtigten Klöster dürfen jeweils zwei Vertreter nach Karyes entsenden. Die Epistasía amtiert, wie die Kinótis, ein Jahr – allerdings von Juni bis Juni. Ihr steht die Athospolizei (die Seimenides in ihrer traditionellen Tracht) zu Gebote; und sie kann im

Bedarfsfall auch auf die dem griechischen Gouverneur unterstellten Polizeibeamten zurückgreifen. Einer der letzteren sagte einmal zu mir: »Wir haben hier ein herrliches Leben, es passiert absolut nichts ...«

Die 20 regierenden Klöster auf dem Heiligen Berg

(in ihrer hierarchischen Rangfolge)

1. ***Méjisti Láwra***	2. ***Watopédi***	3. ***Íwiron***
4. ***Chilandaríou***	5. ***Dionysíou***	

6. Koutloumousíou	7. ***Pantokrátoros***	8. Xiropotámou
9. Zográphou	10. Dochiaríou	11. Karakállou
12. Philothéou	13. Símonos Pétras	14. Ajíou Páwlou
15. Stawronikíta	16. Xenophóntos	17. Grigoríou
18. Esphigménou	19. Panteleïmonos	20. Konstamonítou

Aus einem der ersten fünf Klöster wird jeweils der Protos (Vorsitzende) der Jéra Epistasía gewählt. Die fünf sind die ranghöchsten von jeweils einer Tetrade.

Die Namen der idiorrhythmischen Klöster sind in halbfetten, kursiven Lettern wiedergegeben. Chilandaríou befindet sich im Übergang zur kinowitischen Form. Alle anderen Klöster sind bereits kinowitisch.

Aufteilung der Klöster in Tetraden

1. Láwra	2. Watopédi	3. Íwiron
Dochiaríou	Koutloumousíou	Pantokrátoros
Xenophóntos	Karakállou	Philothéou
Esphigménou	Stawronikíta	Símonos Pétras

4. Chilandaríou	5. Dionysíou
Xiropotámou	Zográphou
Ajíou Páwlou	Panteleïmonos
Grigoríou	Konstamonítou

ΙΕΡΑ ΕΠΙΣΤΑΣΙΑ
ΑΓΙΟΥ ΟΡΟΥΣ
ΑΘΩ

ΑΡΙΘ. ΠΡΩΤ. 326

ΚΑΡΥΑΙ ΤΗ 29

ΤΟ ΑΓΙΟΝ ΟΡΟΣ ΑΘΩ.
ΕΝΣΗΜΟΝ ΔΡΧ.100
ΙΕΡΑΣ ΚΟΙΝΟΤΗΤΟΣ ΑΓΙΟΥ ΟΡΟ
1930

Πρός
τάς Εἴκοσιν Ἱεράς & Σεβασμίας Μονάς
τοῦ Ἁγίου Ὄρους Ἄθω.-

Ὁ ἐπιδότης τοῦ παρόντος Ἱεροκοινοσφραγίστου &

13 Der vierfach geteilte Stempel der vier Epistaten auf dem Diamonitírion. Dargestellt ist die Panajía (Allheilige) als *Platytera ton Ouranón* (die, die allumfassender ist als der Himmel, weil sie die Gottheit in sich birgt). Dies drückt aus, daß die eigentliche Herrscherin des Ajíon Oros die Gottesmutter ist. Die Jéra Kinótis und die Jéra Epistasía werden nur stellvertretend für sie tätig

Die Jéra Epistasía entscheidet auch darüber, ob ein Besucher zum Athos zugelassen bzw. seine Aufenthaltserlaubnis verlängert wird oder nicht. Ihr vierfach geteiltes Siegel ziert das Diamonitírion, die Aufenthaltserlaubnis des Athosbesuchers. Zu Beginn seiner Amtszeit wird jedem der Epistaten ein Viertel dieses Siegels ausgehändigt. Alle Amtshandlungen können nur einstimmig vorgenommen werden.

Jeder Besucher ist auch heutzutage verpflichtet, sich in Karyes das Diamonitírion abzuholen. In den 50er Jahren wurde ich noch von den Epistaten persönlich empfangen. Bei einem Täßchen griechischen Kaffees, einem Glas frischen Quellwassers und zwei Stückchen Loukoúmi entwickelte sich ein freundliches Gespräch über meine Herkunft, meine Ziele und Absichten auf dem Ajíon Oros. Heute ruft ein streng dreinblickender Vertreter der Athospolizei die Namen der Neuangekommenen aus und überreicht ihnen die Unterlagen. Die Epistaten selbst bekommt man nicht mehr zu Gesicht.

Beratende Körperschaften Die außerordentliche und doppelte Versammlung (Synaxis) besteht aus den 20 Proistámeni und 20 weiteren Abgesandten aus den Klöstern - den Vorstehern oder deren Vertretern. Sie wird von der Jéra Kinótis von Fall zu Fall bei besonderen Anlässen zusammengerufen. Zwar hat sie keine Rechte und wird auch in der Ver-

14 Der byzantinische Doppeladler ist immer noch, wenn auch nicht offiziell, das Wappen des *Heiligen Berges.* Er ziert zahlreiche Reliefs und alle Kronleuchter unter der Kuppel im Naos der Kirchen. An Festtagen hissen die Klöster gelbe Wimpel mit einem schwarzen Doppeladler

15 Laienbruder (Mönch im Probestand) aus einem kinowitischen Kloster

fassung von 1924 nicht erwähnt. Sie darf lediglich beraten. Hinter ihren Empfehlungen steht jedoch das Gewicht ihrer Autorität. Vielleicht kann man diese Synaxis ganz entfernt mit dem britischen Oberhaus vergleichen. Eine weitere Versammlung, bestehend aus den 20 Klostervorstehern oder ihren Vertretern, tagt halbjährlich. Sie wirkt als eine Art von Berufungsinstanz für juristische Entscheidungen, kann aber auch Verordnungen weltlicher Art verabschieden.

Kinowitische und idiorrhythmische Klöster – Gemeinschaft oder individuelle Existenz?

Der Mönch als Einzelkämpfer oder als Gemeinschaftswesen In den ersten Jahren beherrschten die Eremiten den Ajíon Oros, widmeten sich dem asketischen Kampf gegen die Dämonen und auch schon einer Vorform der hesychastischen Mystik. Dann führte Athanasios die kinowitische Lebensform ein. Die Asketen wurden mehr und mehr in Abhängigkeit von den Klöstern gebracht, die von Hause aus alle kinowitische Gründungen sind. Anfang des 14. Jhs. begann die Blütezeit des Hesychasmus unter den beiden Gregors, Grigórios Sinaítis und Grigórios Palamás. Das hat dann die Einführung des freieren idiorrhythmischen Mönchtums gegen Ende des Jahrhunderts zumindestens mitveranlaßt. Es hat in der Folgezeit an Boden gewonnen und nach und nach alle 20 Klöster erfaßt. Vom 18. Jh. an treten zwei einander entgegengesetzte Tendenzen auf. Einerseits kehrt seit der Zeit ein Kloster nach dem anderen zur kinowitischen Form zurück, andererseits werden zahlreiche neue Kellia und Skítes vor allem von slawischen Mönchen gegründet.

Das kinowitische Mönchtum auf dem Ajíon Oros Ein Mönch, der in ein kinowitisches (koinobitisches) Kloster eintritt, gibt alles auf, sein Vermögen, seinen eigenen Willen, die Verfügung über seine Zeit und seine Kraft – und nicht zuletzt die Möglichkeit, für sich alleine zu sein. Er verpflichtet sich zu Gehorsam, Armut und Keuschheit. Der Kinowiátis lebt und durchsteht gemeinsam – im Sinne beider Bedeutungen des Wortes – in seinem ihm zugewiesenen Stehgestell im Katholikón gemeinsam mit allen anderen alle Tages- und Nachtgottesdienste, auch die ganznächtigen Agrypnien vor den Feiertagen. Er darf nicht fehlen und nicht einschlafen. Fallen ihm dennoch die Augen zu, wird eine Kerze auf die Armlehne seines Gestühls gesetzt. Nach dem Erwachen hat er Buße zu tun – sich bis zur Erde zu verbeugen. Die Zahl der Bußübungen richtet sich nach der Zeit, die er verschlief – und die kann er an der herabgebrannten Kerze ablesen. Er nimmt gemeinsam mit seinen Brüdern in der Trápeza vegetarische Kost zu sich – so lange, wie ihm das gestattet wird. Während des Essens führt er sich das zu Gemüte, was aus der erbaulichen Kirchenväterliteratur vorgelesen wird.

Der Igóumenos ist der geistige Vater des Klosters und sein Vorsteher zugleich. Er darf nicht jünger als 40 Jahre sein, soll dem Kloster nach Möglichkeit zehn Jahre angehören und wird auf Lebenszeit gewählt. In der Praxis bevorzugt man zum Priester geweihte Mönche, wiewohl das nicht vorgeschrieben ist. Dem Abt zur Seite steht die Jerontía, ein Ältestenrat von acht bis zwölf erfahrenen, ebenfalls auf Lebenszeit gewählten Mönchen. Dieser Ältestenrat bestimmt aus seinen Reihen jeweils für ein Jahr zwei oder drei Epistaten, die den Igóumenos tatkräftig unterstützen.

Das idiorrhythmische Mönchtum Der idiorrhythmische Mönch verfügt über seinen eigenen Besitz und kann auch über seine Zeit und sich selbst bestimmen. Es ist ihm – soweit es sich mit dem Leben in einem Kloster oder einer Skíti vereinbaren läßt – auch erlaubt, einer Berufstätigkeit nachzugehen. Für Aufgaben, die er innerhalb des Klosters übernimmt, bekommt er eine geringfügige Entlohnung.

Außer an hohen Festtagen nehmen die »nach eigenem Rhythmus Lebenden« ihr Essen in ihren eigenen Zellen oder Zellentrakten ein. Sie sind nicht gezwungen, allen Gottesdiensten die ganze Zeit über beizuwohnen, und wenn sie einschlafen, ist es ihre eigene Angelegenheit, dafür Buße zu tun oder nicht.

Die Idiorrhythmie hat dafür gesorgt, daß der Athos die wirtschaftlich kritische Osmanenzeit überlebt hat. Sicherlich haben sich damals – zwischen 1453 und 1912 – auch wohlhabende und gebildete Griechen auf den Athos zurückgezogen, um in dieser doch mit Sonderrechten ausgestatteten Schutzzone verhältnismäßig sicher vor dem Zugriff türkischer Instanzen ihr Vermögen zu verstecken und sich selbst einen schönen Tag zu machen. Übelnehmen kann man ihnen das nicht, obwohl sie damit natürlich die Voraussetzungen dafür schufen, daß die idiorrhythmische Lebensform immer mehr in Verruf geriet. Durchgesetzt hat sich dieses Experiment geistigen Lebens zu Ende des 14. Jhs. aus rein geistlichen Gründen – vor allem deshalb, weil es den Mönchen mehr Spielraum als die kinowitische Strenge bot, ihr Leben individuell nach hesychastisch-mystischen Prinzipien zu gestalten. Außerdem bieten idiorrhythmische Klöster und Skítes auch das interessante Konzept der geistlichen Familie an. Zwei bis sechs angehende Mönche schließen sich einem geistlichen Vater an und leben mit ihm zusammen. Er berät sie, hilft ihnen, im geistlichen Leben Fortschritte zu machen, und sorgt für ihren Lebensunterhalt. Die Mönchsanwärter, die während ihrer dreijährigen Probezeit, oft auch länger, in der Familie bleiben, sind ihrem Vater zu Dankbarkeit und zu Gehorsam verpflichtet. Soweit sie Einkünfte haben, stellen sie diese ihrer geistlichen Familie zur Verfügung.

Ein Anwärter, der Mönch geworden ist, kann auch alleine leben, was allerdings dann, wenn er keine eigenen Einkünfte hat und noch dazu wenig gebildet ist (in diesem Fall ist ihm der Zugang zu den besser dotierten Beschäftigungen im Kloster versagt), bedeutet, daß er mit einem ärmlichen Leben und einer untergeordneten, gegebenenfalls dienenden Stellung innerhalb der Gemeinschaft vorlieb nehmen muß.

In diesen Klöstern hat sich - und das ist ein sehr ernst zu nehmender Kritikpunkt - eine Aristokratie von Ältesten herausgebildet: die ein-

16 Cherubim unter Portalen (Jéra Moni Chilandaríou). Die Sechs-Flügel-Wesen sind gleichzeitig Wächter (sie bewachen das Paradies) und Ehrenwachen für Christus, der in der Gestalt der eucharistischen Gaben erscheint. In diesen Funktionen wurden sie auf alten Chorschrankenplatten dargestellt

flußreichen, meist vermögenden Proistámeni. Ihre Ratsversammlung – sieben, neun oder elf Älteste – regiert das Kloster. Zwei oder drei alljährlich aus ihrer Mitte gewählte Epitropen führen die Amtsgeschäfte.

Kologriwof beschreibt das idiorrhythmische Leben der Zeit um 1870 sehr anschaulich:

»Es gibt manche darunter, die eher als reiche Laien oder Prälaten anzusehen sind und bei denen die Frömmigkeit mit der Liebe zum Luxus Hand in Hand geht. Sie bewohnen fünf, sechs, mitunter zehn schöne Zimmer, verwahren auf ihren Bankkonten oder in Truhen schweres Geld, sitzen mit seidenen Talaren auf Diwanen, rauchen Narghile ... Doch wäre es Unrecht, ihnen den Ordenscharakter schlechthin abzusprechen. Erstens kann man nicht die abendländischen Maße beim Beurteilen ostkirchlicher Verhältnisse anwenden. Zweitens sind diese Leute durch ihren Reichtum und ihre Verbindungen dem Athos sehr nützlich. ›Das sind unsere Säulen‹, sagen von ihnen die anderen Mönche. Sie sind es, die die Rechte des Athos schützen und dadurch dem Asketen seine Übungen und sein Opferleben möglich machen.«

Skítes, Kellia und Einsiedeleien

Siedlungen und Einzelhäuser Wie erwähnt, ist der gesamte Grund und Boden auf dem Ajíon Oros auf die 20 herrschenden Großklöster aufgeteilt. Alles, was sich sonst noch dort befindet – Skítes, Kalywes, Kellia, Kathísmata und Isychastíria –, ist einem der Klöster unterstellt. Dabei kann die Lebensform oder Nationalität des Außensitzes durchaus unabhängig von der des Mutterklosters sein. So gehört die rumänische kinowitische Skíti Prodromos zur griechisch-idiorrhythmischen Méjisti Láwra.

Mönchsdörfer – Skítes Zur Zeit existieren zwölf mönchische Ansiedlungen. Sie werden alle in der Übersicht auf Seite 189 ff. näher beschrieben. Die vier kinowitischen sind alle nicht-griechisch (zwei russisch, eine bulgarisch, eine rumänisch) und sehen wie Klöster aus. Vom Aufbau und der Organisation her gesehen sind es auch Klöster. Sie unterscheiden sich eben nur von jenen dadurch, daß ihre Rechte nicht in der Athosverfassung verankert sind, sie keinen Anteil an der Athos-Selbstregierung haben und daß sie vor allem von einem der 20 Klöster abhängig sind. Geleitet werden sie von einem auf Lebenszeit bestellten Dikáios.

Die idiorrhythmischen (auch archetypischen) Skítes sind alle griechisch. Sie bestehen aus einer zentralen Kirche (Kyriakón), um die herum die einzelnen festeren Hütten für mönchische Wohngemeinschaften (geistlicher Familien) liegen. Die idiorrhythmischen Skítes werden von einem alljährlich im Mai von den Ältesten gewählten Dikáios geleitet. Ihm stehen zwei bis vier Berater, jeweils zur Hälfte von den Skitenbewohnern gewählt und vom Kloster entsandt, zur Seite.

17 Vater Petros bewohnt ein Kellion in Karyes

Die Bewohner aller Skiten – das Wort ist übrigens von *askitís* (Asket) abgeleitet – beschäftigen sich mit Landwirtschaft (auch Fischfang), mit Ikonenmalerei, Holzschnitzerei (Kreuze, Reliefikonen), kalligraphischen Arbeiten oder Musik.

Früher hat es erheblich mehr Skítes gegeben. Wenn das Boot von Ouranopolis die Athosgrenze passiert hat, ist unmittelbar dahinter, etwa 300 m hoch am Hang, die um 1880 errichtete russische Skíti Chromittissa (Kromitsa) zu sehen. Sie war um 1900 von mehr als 100 Russen bewohnt und steht heute leer.

Mönchische Gehöfte – Kellia Ein Kellion (von *cella* = Zelle) ist ein festeres Haus mit Land. Es wird von einem Kloster an kleine Gemeinschaften von drei bis fünf oder sechs Mönchen vergeben, die sich der Landwirtschaft widmen. Manche Kellia sind einsam gelegen, andere befinden sich in einer kleinen Siedlung, die wie ein Dorf aussieht. In jedem Falle sind sie aber unabhängig voneinander und verfügen über eine eigene eingebaute Kapelle. Jedem Kloster sind einige Kellia in Karyes eigen, die unter anderem auch von seinen Vertretern in der Kinótis oder Epistasía bewohnt werden.

18 Unmittelbar hinter der Athosgrenzmauer liegt das verlassene Kellion Justiniana

Es gibt auch Kellia, die nur noch von einem einzigen Mönch bewohnt sind. Andere sind völlig verlassen und verfallen wie z.B. das große Kellion Justiniana unmittelbar hinter der Athosgrenzmauer östlich Ouranopolis.

Bescheidene Hütten – Kalywes Eine Kalywa ist eine kleine Hütte mit Kapelle, kleiner als ein Kellion, mit nur wenig Land, oft einer Skíti zugeordnet. Die Kalywes können einzeln liegen oder innerhalb verstreuter Ansammlungen von Hütten. Die Bewohner schlagen sich mit kleinen handwerklichen Arbeiten durch, schnitzen Kreuze, fertigen Rosenkränze, malen auch Ikonen.

Echte Einsiedeleien – Isychastíria Einsiedler, die nun wirklich völlig allein in strenger Askese leben wollen und sich der hesychastischen Mystik verschrieben haben, leben in einem Isychastírio (*Hesychasterion* = Sitz der Stille/Ruhe). Es sind kleine primitive Hütten oder Höhlen, manche nur mit Leitern zugänglich. Die meisten liegen an Felswänden über dem Athoskap zwischen der Skíti Ajías Annas und der Skíti Prodromos.

Ruhesitze – Kathismata Ein Bischof oder Patriarch im Ruhestand oder ein wohlhabender idiorrhythmisch lebender Mönch hat die Möglichkeit, allein oder zusammen mit Gleichgesinnten in einem Káthisma zu leben. Derartige, gut ausgestattete, feste Häuser liegen in unmittelbarer Klosternähe. Der Inhaber zahlt eine Art von Kostgeld und wird dafür vom Kloster versorgt.

Leben in einem Athoskloster

Auf dem Ajíon Oros gehen die Uhren anders Die Uhren ticken auch auf dem Athos genau wie bei uns *in der Welt* – aber sie zeigen eine andere, die byzantinische Zeit an.

Diese ist unterteilt in zwölf Nacht- und zwölf Tagesstunden ungleicher Länge zwischen Sonnenuntergang und Sonnenaufgang. Grundlage ist der Augenblick des Sonnenuntergangs: Die Zeit springt von 12 auf 0 Uhr – und die Klosterpforte wird geschlossen, und zwar unwiderruflich bis zum Sonnenaufgang. Da sich die Zeit des Sonnenuntergangs verschiebt, müssen die Uhren alle vier Tage zur Sonnenuntergangszeit von Hand nachkorrigiert werden.

Die kirchlichen Feste werden auch auf dem Athos gefeiert, wie sie fallen, aber sie fallen 13 Tage später, gemäß dem julianischen Kalender (nach der Zeitreform durch Julius Caesar benannt). Der geht in diesem Jahrhundert 13, im nächsten 14 Tage nach. Während sich die griechische Kirche und das ökumenische Patriarchat 1924 mit der allgemein üblichen gregorianischen Zeitrechnung abfanden, haben die Athoniten entgegen dem Wunsche einer Mission des Patriarchen für den Ajíon Oros die alte Zeitrechnung beibehalten.

Der Lauf der Nacht und des Tages in einem kinowitischen Kloster
Die wichtigste Zeit für den Mönch, die Zeit des Gebetskampfes, ist die Nacht.

Die 24 Stunden des Mönchslebens

(Jéra Moni Dionysíou)

Griechische Zeit	Tätigkeit	Byzantinische Zeit
18	Sonnenuntergang (Beginn des byzantinischen Tages)	12/0
18–18.30	*Apodipnon (Andacht nach dem Essen)*	*12–12.30*
18.30–24	*Nachtruhe*	*12.30–6*
24/0	*Wecken*	*6*
0–1	*Private Andacht, Gebet, Bußübungen*	*6–7*
1–4	*Orthros (gemeinsamer Frühgottesdienst)*	*7–10*
4–5.30	*Schlafenszeit*	*10–11.30*
5.30–6	*Wecken, Einstimmung auf die Kinonia*	*11.30–12*
6	Sonnenaufgang	12/0
6–7.30	*Litourjía (Feier der heiligen Kinonia)*	*0–1.30*
7.30–8	*Gemeinsames Frühstück in der Trápeza*	*1.30–2*
8–12	*Arbeitszeit*	*2–6*
12–14	*Mittagsruhe*	*6–8*
14–15.30	*Arbeitszeit*	*8–9.30*
15.30–16.30	*Esperinos (Abendgottesdienst)*	*9.30–10.30*
16.30–17.30	*Gemeinsames Abendessen in der Trápeza*	*10.30–11.30*
17.30–18	*Erholungspause*	*11.30–12*

Die nebenstehende Tabelle folgt Angaben bei Mendieta und Feigl. Die Zeiten für die Aufteilung des Lebens in mindestens acht Stunden Gottesdienst (bis zu 14 Stunden), etwa acht Stunden Arbeit und persönliche Andacht und weniger als acht Stunden Schlaf unterscheiden sich allerdings von Kloster zu Kloster. In den Fastenzeiten und in der Nacht vor einem Feiertag - mit der Nacht beginnt ja der byzantinische Tag - sind die Gottesdienste entschieden länger (vgl. *Agrypnía* im Glossar).

Stufen des Mönchslebens Wer sich zum Mönch berufen fühlt, muß geistig und körperlich gesund sein, frei von familiären oder anderen Verpflichtungen, muß eine Berufsausbildung haben und der orthodoxen Glaubensgemeinschaft angehören.

Einige Monate lebt der Gläubige im Kloster, trägt aber noch seine übliche Kleidung. In kinowitischen Klöstern wird er dann während eines Gottesdienstes als Dókimos (Novize) in ein schwarzes Gewand (Rason)

19 Brüstungsplatte einer Chorschranke, eingebaut in die Phiáli von Méjisti Láwra. Die Kreuze schlagen grün aus und symbolisieren so den Baum des Lebens – als Gegensatz zum Baum des Todes, von dem Adam gegessen hat. Das Relief ist ikonoklastisch oder frühmittelbyzantinisch

eingekleidet und trägt einen Ledergürtel und ein schwarzes Wollkäppchen. Er muß sich jetzt der Klosterordnung fügen und dadurch bewähren, daß er die niedersten Arbeiten verrichtet. Ein Gelübde wird ihm noch nicht abverlangt. Briefe dürfen Novizen nicht erhalten.

In den Mönchsstand eintreten soll der Anwärter möglichst erst nach Ablauf von drei Jahren. Die Klöster, die an Nachwuchsmangel leiden, neigen jedoch dazu, die Prüfungsperiode auf zwei Jahre zu verkürzen. Der meist noch Jugendliche wird dann zum Rasophoros (Träger des Rasongewandes) geweiht, muß aber immer noch kein Gelübde ablegen – allerdings alle Verpflichtungen auf sich nehmen, die das Mönchsleben mit sich bringt. Je nach seiner persönlichen Entwicklung bringt es der Rasophoros dann zunächst zum Stawrophoros (Kreuzträger) vom Grade des Mikrós'chimos (des Trägers des kleineren Gewandes) und später – vielleicht – vom Grade eines Megalos'chimos (Trägers des großen Gewandes).

Wenn die Kreuzträger ein Gelübde ablegen, können sie sich nicht mehr aus dem Mönchsleben zurückziehen. Es gibt Mönche, die Zeit ihres Lebens in der Grundstufe verbleiben. Die Mehrzahl der Brüder wird eines Tages zum Mikros'chimos aufsteigen und dann in dieser Stufe verbleiben.

Vom ersten Jahrtausend bis heute*

Der Anfang verliert sich im Dunkel der Geschichte

Anonymität und Ungeschichtlichkeit des Mönchtums Um über den Anfang nachzudenken, den Anfang der Geschichte des Heiligen Berges, möchte ich mit dem Ende beginnen, dem Ende des Lebens eines Athos-Mönches.

Winzig klein sind die Friedhöfe. Sie liegen außerhalb der Klöster – ein paar flache, völlig schmucklose Gräber hinter einer Mauer umgeben eine Friedhofskapelle. Auf jedem Grab ein Holzkreuz mit dem Mönchsnamen des Verstorbenen, manchmal in leserlichen Lettern, manchmal auch nicht mehr zu entziffern. So ein Grab ist nur eine kurzzeitige Ruhestätte. Nach drei Jahren werden die Gebeine von den Mitbrüdern wieder ausgegraben und mit Wein gewaschen. Ein weißer oder gelber Schädel weist darauf hin, daß die Seele gerettet ist. Ein schwarzer oder nicht völlig verwester ermuntert die Mitbrüder zur intensiven Fürbitte für den Verstorbenen. Die Gebeine werden in einem dafür bestimmten, tief gelegenen Raum gebracht, die Schädel in einem Ossarium oder einer Kapelle gesammelt.

Bei einer Wanderung stieß ich auf die halb eingestürzte Kirche einer verlassenen Ansiedlung. In einer Krypta, direkt unter dem Altar, fand ich eine Reihe sorgfältig gestapelter Schädel – die anonymen Überbleibsel von Menschen, die um ihr eigenes Seelenheil rangen und sich für die Heiligung der Welt einsetzten.

Das östliche Mönchtum, insbesondere aber das frühe Eremitentum ist auf Anonymität des Einzelnen hin angelegt. So ist es auch durchaus kein Wunder, daß wir, was die Ursprünge des eremitischen Mönchtums auf dem Athos anbelangt, völlig im dunkeln tappen.

* Vgl. auch die Zeittafel auf Seite 198 ff.

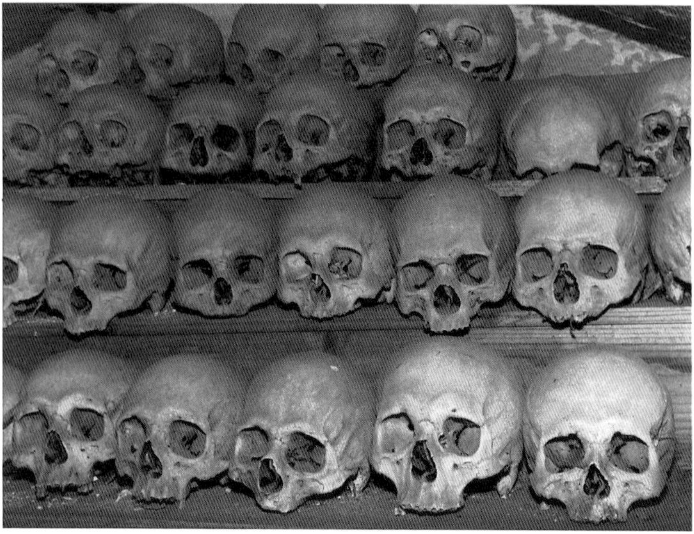

20 Die nach jeweils drei Jahren nach dem Dahinscheiden exhumierten und aufeinander gestapelten Schädel unter dem Altarraum einer Kirche. Auch die Märtyrer der Verfolgungszeit wurden unter einem Altar bestattet – oder es wurde über ihrem Grab eine Kirche mit dem Altar direkt über den Gebeinen errichtet

Der Athos als Rückzugsgebiet für Verfolgte des Bilderstreites und für gefährdete Ikonen Wir können diese Zeit nur mit zwei Daten einkreisen.

– In einer Konzilsurkunde von 843 werden zum ersten Mal eremitisch lebende Mönche vom Berg Athos erwähnt. Dies geschieht – und das ist durchaus kein Zufall – anläßlich eben jenes Konzils unter der Kaiserin Theodora, das den Bilderstreit beendet und die Wiedereinsetzung der heiligen Bilder verfügt.

Daß wir aus der Periode des Bilderstreites 726–843 nichts von Athos-Mönchen hören, ist selbstverständlich. Mönche waren die Träger des Bilder- und Marienkultes. Beides hatten die bilderfeindlichen Kaiser strengstens verboten. Sie zerstörten die Ikonen, verfolgten die Mönche, die sich für die Bilder und die Verehrung der Gottesmutter einsetzten. Zahlreiche Legenden über alte Athosikonen berichten aber, daß diese auf wunderbare Weise von Konstantinopel zum Athos hin gebracht wurden, wo sie dem Zugriff durch die kaiserlichen Beamten entzogen waren. Der Athos muß also schon in dieser Zeit ein Rückzugsgebiet für Menschen und Ikonen gewesen sein.

Das wird zusätzlich dadurch unterstrichen, daß der Heilige Berg bis heute eine Hochburg der Verehrung der Gottesmutter darstellt. Von den älteren Klöstern gilt das besonders für Watopédi. Ich habe nun aber herausgefunden, daß die Brüstungsplatten des offenen Exonarthex von Watopédi (mit späten Wandfresken des Akathistos-Marien-Hymnos) Flachreliefs von speziellen Kreuzsymbolen (das Kreuz eingesteckt in die Himmelskugel) enthalten. Dieses Motiv auf den alten Chorschranken war aber während des Bilderstreites verbreitet und kommt auch schon im 6. Jh. vor. Alles deutet darauf hin, daß bereits einige Jahrhunderte vor dem heute von den Historikern akzeptierten Gründungsdatum des Jéra Moni Watopédiou (Ende 10. Jh.) im Umkreis des Klosters eine mönchische Ansiedlung mit einer Kirche existiert hat.

21 Die Wiedereinsetzung der heiligen Ikonen unter der Kaiserin Theodora durch den Patriarchen Methodios im Jahre 843. Wandmalerei in der Vorhalle der Trápeza in Chilandaríou

22a und b Frühbyzantinisches Kreuz auf einer Brüstungsplatte des offenen Exonarthex vor dem Katholikón von Watopédi sowie eine in eine Gebäudewand eingelassene Reliefplatte. Die Platten dürften ursprünglich als Chorschranken verwendet worden sein. Das Einsteckkreuz ist ein vom 6. Jh. bis zum Bilderstreit übliches Motiv

– Das früheste denkbare Datum wäre verbunden mit der Einführung des Mönchtums im griechischsprachigen Raum. Die ältesten Spuren des anachoretischen (eremitischen) und kinowitischen (koinobitischen) Mönchtumes weisen in die Wüsteneien Ägyptens. Um 300 n. Chr. begann sich Antonios in die Einsamkeit zurückzuziehen. Die asketischen Strömungen verstärkten sich, nachdem 312 der römische Staat begann, seinen Frieden mit der christlichen Kirche und den Christen zu machen. Die Welt, die die Christen verfolgt hatte, begann plötzlich, sich ihnen freundlich zu nähern, so daß konsequent denkende Christen die Zeit gekommen sahen, dieser nunmehr angenehmen Welt mit ihren Verlockungen zu entfliehen. Ab 320 begann Pachomios Klostergemeinschaften zu gründen.

Im griechischsprachigen Raum hat Wasilios (Basilius) von Caesarea (Innerkleinasien) gegen Ende des Jahrhunderts das kinowitische, also organisierte Mönchtum eingeführt.

Als frühester Termin für den Einzug der Eremiten käme daher das Jahr 400 in Frage, als spätester der Beginn des Bilderstreites um 726/30.

Das Weiterleben frühchristlicher anachoretischer Traditionen auf dem Ajíon Oros

Wann aber auch immer zwischen 400 und 730 die ersten Anachoreten die Athoshalbinsel besiedelten, das athonische Mönchtum steht nach wie vor in der Tradition des frühchristlichen Eremitentums. Die Mönche sind, wie ihre frühen Vorbilder, Kämpfer gegen die Mächte der Finsternis, hingebende Verehrer der Gottesmutter, Träger des Engelskleides, Aufsteigende zum Himmel und Befürworter des immerwährenden Gebetes.

Kämpfer gegen die Dämonen Ein älterer Grieche, der in Jéra Moni Dionysíou geistlichen Zuspruch suchte, sagte zu wiederholten Malen zu zwei Mönchen *Iróes iste,* also »Heroen seid Ihr«. Was steckt eigentlich dahinter? Für die Kirche des Ostens war es schon immer wichtiger, daß der Mensch selbst dem Beispiel biblischer Gestalten folge und daß er sich damit identifiziere, als daß er lediglich ihren Lehren lausche. Die Bibel schildert Vorbilder, denen man nacheifert.

23 In den Vorhallen oder Trápezen vieler Klöster ist der Mönch dargestellt, der nach dem Vorbild des Gottessohnes gekreuzigt ist. Mönch zu sein bedeutet, sich wie Christus kreuzigen zu lassen – zu leiden unter den Qualen der Entsagung und nicht zuletzt unter denen der Versuchung (Jéra Moni Chilandaríou)

Im Mönchtum geht es besonders um ein wichtiges Ereignis der Heilsgeschichte, das ganz zu Beginn des Wirkens Jesu steht – die Versuchung Christi in der Bergeinsamkeit und sein Kampf gegen die Dämonen. Schon Antonios hat sich in ein Grab als seine Einsiedlerbehausung zurückgezogen – nicht etwa nur, um ständig an den Tod erinnert zu werden, sondern ganz bewußt deshalb, um an einem Ort zu weilen, der die Dämonen anzieht. Mit denen wollte er – nach Christi Vorbild – kämpfen, um den Siegespreis seines eigenen Seelenheils, aber auch stellvertretend für die Menschen, die im Bann der Welt bleiben. Die Vita des Antonios, um 357 von Athanasios von Alexandria geschrieben, berichtet denn auch:

»Welche Kämpfe er während seines dortigen Aufenthalts (auf einem Berg in der Wüste) nicht gegen Fleisch und Blut, wie die Schrift sagt (Ephes. 6,12), sondern gegen die feindlichen Dämonen gekämpft hat, das haben wir von jenen erfahren, die ihn besuchten. Sie hörten dort Lärm und viele Stimmen und Geklirr wie von Waffen ...«

Die Athos-Mönche kämpfen allnächtlich mit der Waffe des Gebetes gegen die Dämonen. Damit diese nicht in die Klostermauern eindringen können, bleiben die Klosterpforten zwischen Sonnenuntergang und -aufgang geschlossen. Überdies werden die Kloster- und Kircheneingänge bewacht von den sogenannten Geisterkreuzen – Kreuzen aus Holz oder in Freskotechnik gemalt, mit dämonenabwehrenden Abkürzungen. Die wichtigste davon ist *JS CHR Ni Ka* (*Jesus Christus nika* = Jesus Christus siege!). Es ist die Formel, die auf alle Prosphoren (Kommunionbrote) geprägt wird.

Verehrer der Gottesmutter Im südlichen Seitenschiffchor des Katholikón von Jéra Moni Chilandaríou ist das Festbild (Feier am 21. November) des *Isodos tis Theotókou*, des Tempelgangs Mariae, dargestellt. Die dreijährige Maria wird in das Allerheiligste des Tempels aufgenommen, um darin bis zu ihrem zwölften Geburtstag zu leben. Darauf wies Vater Mitrophan hin und sagte: »Es gibt eben Menschen, für die von Jugend an ein Leben in der Welt überhaupt nicht vorstellbar ist. Das ist es, was die Szene vom Isodos ausdrückt.« Daß das Leben des Mönchs als direkte Nachfolge des geheiligten Lebens der Gottesmutter gesehen wird, das ist ebenfalls bereits eine Erscheinung des frühen Anachoretentums.

Das Mönchtum war und blieb der Hort der Marienverehrung und der Verehrung der heiligen Bilder, weswegen es fast zwangsläufig in besonde-

24 Geisterkreuz über dem Schädel Adams an der Fensterlaibung des Narthex von Chilandaríou. Die Buchstaben bedeuten: »Jesus Christus siege. Vor diesem Kreuz erschauern die Dämonen. Dieser Schädel (der unter dem Kreuz abgebildete Schädel Adams) wurde zum Paradies.«

25 Spätes Fresko der Geburt Mariae. Phiáli Jéra Moni Chilandaríou ▷

rer Weise in die Schußlinie der bilderfeindlichen Kaiser geriet. Der Athos selbst gilt als *Periwóli tis Panajías* (Hausgarten der Allheiligen). Dort wird die Marienikone des Akathistos-Hymnos gehütet (Jéra Moni Dionysíou), dort befindet sich auch die berühmte Gürtelreliquie der Gottesmutter (Jéra Moni Watopédiou). Das strikte Verbot für Frauen, den Athos zu betreten, wird auf die Panajía selbst zurückgeführt.

Träger des Engelkleides Der Sinn des Mönchsgewandes liegt darin, den Menschen körperlos zu machen, die Körperfunktionen zu verdecken und die körperlichen Bedürfnisse unter sich zu begraben. Der Mönch versucht, den körperlosen Gewalten, den Engeln, zu gleichen, vor allem ihre Bedürfnislosigkeit zu erreichen. Seit frühester Zeit trägt das mönchische Habit daher den Namen Angelikon (Engelkleid).

Aufsteigende zum Himmel Im 7. Jh. beschreibt der Abt des Katharinen-Klosters auf dem Sinai, Johannes, der später den Namenszusatz Klimakos (Klimax = Leiter) erhalten sollte, in einer erbaulichen Schrift für Asketen die 24stufige Leiter in den Himmel. Die Metapher war für ihn im Wortsinn naheliegend, hatte er doch in Gestalt des Berges Sinai die

Himmelsleiter vor sich, auf deren Spitze Mose der Gott Israels, Jahweh, erschien und ihm die Gesetzestafeln überreichte. Auf dem Ajíon Oros, dem neuen Sinai, ist die Himmelsleiter in vielen Trapezen (Refektorien) dargestellt. Das *Malerhandbuch vom Athos* beschreibt das Bild so:

»Ein Kloster ... viele Mönche, junge und alte, vor ihnen eine hohe und große Leiter, die bis zum Himmel reicht. Auf ihr sind Mönche; die einen steigen hinauf, die andern versuchen es, über ihnen fliegende Engel, die sie anfeuern. Oben im Himmel ist Christus, vor ihm auf der obersten Leitersprosse ein altehrwürdiger Mönch, der seine Hände ausstreckt und auf ihn schaut. Der Herr nimmt ihn mit Freuden an die Hand, in der anderen hält er einen Kranz von verschiedenen Blumen ... Unter ihnen ist der alles verschlingende Hades als ein großer und fürchterlicher Drache, der in seinem Rachen einen Mönch hält ...«

Hier gibt es wieder eine Berührung mit der Verehrung der Gottesmutter. Diese wird bereits im Akathistos-Hymnos (spätestens 6. Jh.) als Himmelsleiter gepriesen:

»Freue Dich, Du Himmelsleiter für Gottes Herabstieg (Menschwerdung!); Freue Dich, Du Brückenschlag in Gegenrichtung für die Irdischen hinauf zum Himmel!«

Die Mönche und das immerwährende Gebet Nach dem Bericht des Matthäus hat Jesus von Nazareth bald nach seinem Kampf mit dem Satan in der Wüste (Versuchung Christi) denen, die ihm zuhörten, das Vaterunser gelehrt, dessen Bitten sich ganz offensichtlich auf die Versuchungssituation beziehen. Der Anachoret Makarios der Ägypter (gest. um 390) bezeichnet das Gebet als die wichtigste Waffe des Mönches.

Petros und Ewthymios – Morgenrot der Geschichte über dem Athos

Der Athos – Rückzugsgebiet für Verfolgte im Bilderstreit Bis zum Konzil über die Wiedereinsetzung der heiligen Bilder unter der Kaiserin Theodora schweigen sich die schriftlichen Quellen über den Ajíon Oros vielsagend aus. Diese Stille unterstreicht die Tatsache, daß während des Bilderstreites der Athos tatsächlich ein Rückzugsgebiet bilderfreundlicher, der Gottesmutter zugetaner Anachoreten war. Die gegnerischen Kaiser

26 Um die Wiederaufrichtung der Heiligen Bilder ging es auf dem Konzil von 843, in dessen Akten erstmalig in der Geschichte die heiligen Männer auf dem Berg Athos erwähnt werden. Der Abschluß des Bilderstreits und die Wiederzulassung der innigen Verehrung des Urbildes auf dem Weg über das Abbild wird am Sonntag der Orthodoxie, dem ersten Sonntag in der vorösterlichen Fastenzeit, gefeiert

hatten keinerlei Ursache, irgendwelche Urkunden mit Zuwendungen oder Privilegien zugunsten der frommen Siedler zu verfassen.

Ewthymios, der Wundertäter Diese Situation ändert sich in der Konzilszeit (und auch schon etwas vorher) geradezu schlagartig. Als Hymnen verfaßte Heiligenlegenden, die um 940 entstanden sein sollen, berichten vom Heiligen Petros, dem Athoniten. Der hauste als Einsiedler und geistlicher Vater in einer Höhle irgendwo am steilen Athoskap (dort, wo sich auch heute noch die abgelegenen Einsiedeleien befinden) – und das etwa 53 Jahre lang. Ewthymios, genannt der Jüngere, der Wundertäter, kam um 859/60 zusammen mit Joseph dem Armenier von einem anderen uralten Eremitenbezirk zum Athos – vom bithynischen Olymp. Alles weist darauf hin, daß zwischen ihm und dem Ajíon Oros enge Beziehungen bestanden haben.

Bithynien liegt jenseits von Konstantinopel an der Schwarzmeerküste. Die Provinz sollte Ende des 11. Jhs. in die Hände der Seldjuken fallen. Noch stärker bedroht durch die Muslims, zunächst vor allem durch Araber, war das Innere von Kappadokia (Inneranatolien) mit seinen Höhlenkirchen und Höhlenzellen. Ganz Kleinasien, alles, was auf der anderen Seite der Dardanellen lag, begann damals zur gefährdeten Zone zu werden. So war es ratsam, ein sicheres mönchisches Territorium im Westen zwischen den beiden Festungen Konstantinopel und Thessaloniki auszubauen.

Ewthymios lebte zunächst als Eremit drei Jahre allein in einer Höhle, tauchte eines Tages daraus auf *»wie aus unbetretbaren heiligen und himmlischen Apsiden«* (seine Einsiedlerhöhle wird so in der hagiographischen Literatur mit dem Allerheiligsten in einer Kirche verglichen) und faßte alle die Anhänger, die sich in seiner Nähe niedergelassen hatten, um ihn nachzuahmen, zu einer Lawra, einer lockeren Ansiedlung um eine zentral gelegene Kirche herum, zusammen – so etwa um 862/3 oder 869/70. Bei Lawren und den ihnen vergleichbaren Skiten wird die zentral gelegene Kirche übrigens als Kyriakón (das zum Herrn gehörige Bauwerk) bezeichnet, entsprechend der Kyriakí Imera (*imera* = Tag), dem Herrn gehörenden Tag, wie noch heute der Sonntag in Griechenland genannt wird. Diese Bezeichnung erhielten übrigens auch schon die konstantinischen christlichen Kultbauten in Trier (4. Jh.). Im deutschsprachigen Volksmund wurde dann aus Kyriakón »Kirche«.

Gegen Ende des 9. Jhs. gibt es mehrere Lawren. Aus Quellen wissen wir Näheres von zweien. So lag eine beim heutigen Iwiron, die andere außerhalb des heutigen Athosbezirks, unweit von Jerissos. Anscheinend war dies die Anlage des Ewthymos, die dann gegen 870 von seinem Nachfolger, Johannes Kolowos, übernommen wurde. Alte Reliefs lassen es aber auch als wahrscheinlich erscheinen, daß es auch anderswo, u. a. im Umkreis von Watopédi und (wie oben erwähnt) von Méjisti Láwra, schon monastische Siedlungen gegeben hat.

Die Siedlungen bestanden aus unabhängigen Kellia für einen oder mehrere Asketen – Hütten, deren Bewohner an Sonn- und Feiertagen zu gemeinsamen Gottesdiensten zusammenkamen. Die geistliche und organisatorische Betreuung des Gemeinwesens lag in der Hand eines Ältesten. Natürlich haben sich die Asketen nicht ohne Grund zu Gemeinschaften zusammengeschlossen: Es ging um die Kommunion, die niemand alleine mit sich selbst feiern kann. Sie erfordert Gemeinschaft und vor allem Menschen, die die Priesterweihe haben. Priester aber hängen mit der kirchlichen Hierarchie zusammen.

Rückzug in die Mesi, die Mitte der Halbinsel Zunächst schlossen sich die verschiedenen Ansiedlungen zusammen. In der Nähe von Jerissos, unweit der bereits erwähnten Lawra, entstand ein Sitz der Ältesten, die als ihren Leiter einen Protos wählten. Da sich aber die Mönche immer mehr aus der offenen Ebene an der Engstelle des Athos in das bergige, unzugänglichere und damit auch sicherere Innere und zum Kap hin zurückzogen, wurde auch die provisorische »Zentralregierung« in die Mesi, die Mitte der Halbinsel verlagert, zu den Walnußbäumen hin (= Karyes). Dort entstand um 870 das Protaton, die Kirche des gewählten Vorstehers.

Der Umzug von Jerissos zur Mitte, der sich auch aus geographisch-»geostrategischen« Gründen langfristig als richtig erweisen sollte, hat möglicherweise mehrere Ursachen gehabt. Einerseits waren Anfang des Jahrhunderts einige Ansiedlungen durch arabische Piraten heimgesucht worden, so daß man im Inneren Sicherheit suchte. Andererseits hat die bereits straffer organisierte klosterähnliche Lawra des Johannes Kolowos einen gewissen Machtanspruch über alle Athoniten erhoben. Und dem konnte man sich besser entziehen, wenn man etwas weiter entfernt war.

Um 872 sicherte jedenfalls eine Goldsiegelbulle des energischen Makedonenkaisers Basilios I. den Athoniten Unabhängigkeit zu. Das Gebiet

27 Antike Fundstücke, verbaut in die Wände der Klosteranlage von Watopédi, weisen darauf hin, daß das Kloster an der Stelle eines antiken Ortes liegt. Es wird dort das bei Herodot erwähnte Dion vermutet

des Athos durfte nur von Mönchen, nicht von weltlichen Leuten besiedelt werden. Darüber hinaus sollten die Athoniten auch ihre Selbständigkeit gegenüber allen kirchlichen Autoritäten wahren können.

Die kaiserliche Politik zielte in Byzanz ständig darauf ab, keine der staatstragenden Kräfte - Kirche, Aristokratie, bäuerliche Bevölkerung, Militär - zu mächtig werden zu lassen. Sich mit dem Mönchtum gut zu stellen, war wichtig. Ihr Anteil in der Gesamtbevölkerung wurde zeitweise auf 50 Prozent geschätzt.

Athanasios der Athonit, die kaiserlichen Gönner und die Rolle des Studion-Klosters in Konstantinopel

Der Asket auf dem Kaiserstuhl unterstützt die Gründung des Láwra-Klosters Auch in dieser Zeit sind vermutlich einige Kernsiedlungen mit jeweils etwa einem guten Dutzend Mönchen entstanden.

Manches davon mochte auch schon wie ein Kloster ausgesehen haben, aber es hatte eben nicht den Status eines Klosters. Dazu gehörte einerseits, daß sich die Mönchsgemeinschaft selbst auf eine Klosterregel verpflichtete, und andererseits, daß ein byzantinischer Kaiser eine derartige Gründung auch anerkannte.

Das widerfuhr im Jahre 963 als erster der größten (Méjisti) Láwra, die an der Nordostküste unweit des Athoskaps liegt, vermutlich unweit der Reste der antiken Stadt Akrothoon. Der Gründer war Athanasios, der Athonit aus Trapezunt. Nach dem frühen Tod seiner Eltern und einem Studium in Konstantinopel war er in ein Kloster in Bithynien (!) eingetreten, dessen Abt Michail Malinos ein Onkel des genialen Feldherrn Nikephóros Phokas (912–962) war. Der hatte selbst asketische Neigungen, lernte bei einem Besuch in Bithynien Athanasios kennen und erwählte ihn zu seinem geistlichen Vater. Der Mönch begleitete den Feldherrn bei seinem Zug gegen die Sarazenen auf Kreta. 961 war Kreta befreit. Den eigenen, nicht unerheblichen Anteil an der Kriegsbeute spendete Nikephóros für die Gründung eines Klosters, in das er selbst einzutreten gedachte. Da die Klosterzentren in Syrien und Palästina an den Islam verloren gegangen, die in Kleinasien heftig umkämpft, zumindest aber gefährdet waren, suchte Athanasios dafür den Athos aus, den er bereits als Asket kennengelernt hatte.

963 wurde das Kloster Méjisti Láwra eingeweiht. Im gleichen Jahr war der Kaiser Romanos II. unter nicht ganz eindeutigen Umständen ums Leben gekommen. Er hatte, will man den byzantinischen Geschichtsschreibern glauben, zusammen mit seiner Frau, der verführerischen Schankwirtstochter Theophano, vier Jahre zuvor seinen Vater Konstantin VII. Porphyrojenitos vergiftet. Nikephóros, der gerade in Kappadokien einen Feldzug gegen die Muslims vorbereitete, wurde von den Truppen in Caesarea (dem heutigen Kayseri) zum Kaiser ausgerufen.

Athanasios arbeitete mittlerweile ein Typikon (965) aus, das sich in allen wichtigen Punkten an die Regeln des berühmten Studionklosters in Konstantinopel hielt.

Interessanterweise förderte Nikephóros, der es auch mit den kleinen Wehrbauern hielt und die Rechte der aristokratischen Grundbesitzer beschnitt, mit dieser einen Ausnahme keine Klöster. In Kappadokien schlug er die Sarazenen zurück. Siegreich und unverletzt kehrte er nach Konstantinopel zurück.

Nikephóros hatte gleich zu Beginn seiner Herrschaft die listige und lustige Witwe seines Vorgängers Theophano geheiratet. Einerseits konnte er, der auch als Kaiser asketisch lebte, die Leidenschaftlichkeit dieser Dame nicht recht würdigen, andererseits erwies sich seine Vorstellung, er könne durch die Verbindung mit ihr seine kaiserliche Machtposition absichern, als Fehleinschätzung – und zwar als tödliche.

Sein Neffe Johannes Tsimiskes eroberte jedenfalls erst das Bett seiner Tante und dann im Jahre 969 durch einen mit ihr gemeinsam geplanten

Die Regeln des Basilios (330–397) setzen freizügig gehaltene Rahmenbedingungen für das Mönchtum allgemein, vor allem für in Gemeinschaft lebende Mönche fest. Innerhalb dieses großzügigen Rahmens kann jede Mönchsgemeinschaft ihre Lebensweise selbst bestimmen.

Die Regeln Theodors vom Kloster Studion in Konstantinopel (ab 789 dort Abt) legen alle Einzelheiten des mönchischen Lebens bis ins Detail hinein fest. Diese strenge kinowitische (koinobitische) Lebensform dient als Richtschnur für die Regeln in den kinowitischen Klöstern und Skiten auf dem Athos.

28 Méjisti Láwra, das älteste und größte Kloster des Athos, ist heute idiorrhythmisch

und durchgeführten Mordanschlag auf Nikephóros auch das Kaisertum. Vor der Krönung des Attentäters stellte der Patriarch jedoch u. a. auch die Bedingung, daß Theophano in ein Kloster auf einer Insel verbannt würde - und so kam die Gattin zweier Kaiser und Geliebte eines angehenden dritten um die wohlverdienten Früchte ihrer feingesponnenen Ränke.

Der reuige Johannes unterstützt das Kinowitentum Vielleicht erfolgten die Maßnahmen, die der neue Kaiser nun im Hinblick auf den Athos ergreifen sollte, zumindestens unter anderem auch aus einem Akt der Reue heraus. Die freien Einsiedler auf dem Athos nämlich witterten anläßlich des Machtwechsels Morgenluft und schickten den Protos, einen Eremiten, in Begleitung eines weiteren Anachoreten zu Johannes Tsimiskes. Die Delegation beschwerte sich über das neue Kloster mit seinen prächtigen Bauten, die so gar nicht in die bewußt ärmlich gehaltene Welt der Eremiten passen wollten. Außerdem war ihnen der Machtanspruch des privilegierten Klosters ein Dorn im Auge. Sie fürchteten um die basilianische

29 Das Katholikón von Láwra, der heilige Athanasios Athonitis und die Gottesmutter. Modernes Relief im Láwra-Kloster

Freiheit des Athos-Mönchtums. Die Anachoreten hatten sicherlich nicht ganz zu Unrecht den Verdacht, daß Athanasios die gesamte Halbinsel dem von ihm begünstigten kinowitischen System unterwerfen wollte.

Der Kaiser schlug sich auf die Seite des geistlichen Vaters seines von ihm gemeuchelten Vorgängers und schickte einen Anhänger des strengen Kinowitentums zum Athos, den Igóumenos des Studionklosters, dessen Regeln die Vorlage für das Typikon von Lawra bildeten. 972 wird die Klosterverfassung des Athos durch ein kaiserliches Typikon bestätigt. Der Trágos (Bockshaut) wird noch heute in einem Turm in Karyes aufbewahrt.

Der weitere Ausbau des Athos zu einem Mönchsland wäre ohne indirekte Mitwirkung von Johannes Tsimiskes nicht möglich gewesen.

Nikephóros Phokas hatte in der Absicht, das mönchische Ideal der Armut zu unterstützen, per Verfügung untersagt, Klöstern, kirchlichen Körperschaften und Geistlichen Land zu schenken. Dieses Papier zu zerreißen war ebenfalls eine der Bedingungen, die Johannes Tsimiskes erfüllen mußte, damit ihn der Patriarch zum Kaiser krönte.

Das Licht im Dunkel der Zelle – Symeon der neue Theologe Zur Zeit der Gründung des Lawra-Klosters geschah etwas, was noch ungleich bedeutungsvoller für den Athos – und insbesondere für die zunächst in die Defensive gedrängten freien Mönche – werden sollte. In das bereits mehrfach erwähnte Studiten-Kloster in Konstantinopel trat 977 der Mönch Symeon ein, später der »Neue Theologe« genannt. Er war der Mystiker jener Zeit schlechthin, und seine Hymnen über die Lichtmystik bahnten die Rinnen für die hesychastisch-mystischen Strömungen auf dem Athos in der Spätphase des Byzantinischen Reiches.

Der Heilige Stuhl attackiert den Heiligen Berg

Rom schlägt die Tür nach Konstantinopel zu Die Zeit ist um ein Dreivierteljahrhundert weitergeschritten: Wir befinden uns in der Mitte des 11. Jhs. Auf dem Athos bestehen von den heute bekannten Klöstern neben Láwra bereits Íwiron, Watopédi, Philothéou und Xiropotámou. Andere Vorgängerbauten heutiger Klöster tragen bereits den uns vertrauten Namen, haben aber – vermutlich – noch nicht den offiziellen Klosterstatus erhalten.

In Konstantinopel hat im Juni des Jahres 1042 die Kaiserin Zoé als dritten Gatten den Senator Konstantínos Monómachos (der Haudegen) erwählt. Als Konstantin IX. hat er eine Goldbulle für den Athos ausgestellt, in der der Name Ajíon Oros erstmalig kaiserlich beurkundet wurde. Unter seiner Regierung geschah am 16. Juli 1054, ein halbes Jahr vor seinem Tode, etwas, über dessen Tragweite sich damals noch niemand klar war, was aber der östlichen Christenheit, insbesondere Konstantinopel und dem Heiligen Berg noch unsägliches Leid bringen sollte: Papst Leo IX. verursacht den entgültigen Bruch zwischen Rom und Konstantinopel.

Die verschiedenen kirchengeschichtlichen Werke beschäftigen sich intensiv – von unterschiedlichen Standpunkten aus – mit den damaligen Kontrahenten, dem päpstlichen Sonderbotschafter Kardinal Humpert von Silva Candida und dem Patriarchen von Konstantinopel Michael Kerullarios. Der erste Schritt, der nicht mehr rückgängig zu machen war, kam ganz eindeutig von lateinischer Seite. Humbert legte an dem besagten Unglückstag vor den versammelten Gläubigen eine Bannbulle gegen den Patriarchen auf den Altar der Ajía Sophia und reiste ab. Was blieb dem Patriarchen jetzt noch anders übrig, als seinerseits die Lateiner zu exkommunizieren?!

30 Konstantin IX. Monomachos, Kaiser des byzantinischen Reiches (1042–1055), hat in seiner Goldsiegelbulle erstmalig die Bezeichnung *Heiliger Berg* für den Athos beurkundet. Das Goldmosaik auf der Empore der Ajía Sophia in Konstantinopel zeigt ihn zusammen mit seiner Gattin Zoé. Ihre Schwester Theodora folgte Konstantin auf dem Thron. Mit ihr erlosch das makedonische Kaisergeschlecht

Das war die Kirchenspaltung. Auf dem Athos verschwand zunächst einmal das lateinische Kloster (vgl. Seite 74), das noch in Konstantins Bulle erwähnt wird. Zwischen den Orthodoxen und den Lateinern hat es in den folgenden Jahrhunderten eine ganze Reihe von Auseinandersetzungen gegeben, die in allen Fällen von den Lateinern ausgelöst wurden, bei denen diese auch die Rolle der Verfolger übernahmen und die Orthodoxen die der Verfolgten auf sich nehmen mußten. Aus diesen historischen Erfahrungen heraus ist zu verstehen, daß ein Teil der Athos-Mönche heute nicht bereit ist, sich von den seit dem II. Vaticanum weit geöffneten Armen katholischer Kleriker umhalsen zu lassen. Ein anderer Teil ist allerdings durchaus bereit, die Leiden, die hoffentlich der Vergangenheit angehören, zu verzeihen. Ein sehr deutliches Schuldbekenntnis der Täterpartei – insbesondere ein Abrücken vom sogenannten 4. Kreuzzug, würde die Annäherung erleichtern.

Vor diesem unheilvollen Ereignis erlebte der Athos jedoch eine Blütezeit. Am Ende des 11. Jhs. existierten insgesamt 180 Lawren, Klöster und andere mönchische Ansiedlungen, von denen der größte Teil heute verschollen ist. Im 12. Jh. setzte dann mit dem Zuzug von Mönchen von außerhalb des byzantinischen Reichsgebietes die Internationalisierung des Athos ein.

Lateinisches Raubgesindel in Konstantinopel Gegen Ende des Jahrhunderts suchten Banden des Wikinger-Piratenvolkes der Normannen, die vom 9. Jh. an auch die Küsten des Mittelmeers unsicher machten, den Heiligen Berg heim. Doch die schlimmste Leidenszeit begann ab 1204. Die Lateiner – Venetianer und fränkische Ritter mit ihren Haufen – änderten die Stoßrichtung ihres sogenannten 4. Kreuzzuges. Anstatt, wie sie zunächst vorgaben, den Islam im Heiligen Land zurückzuschlagen, bedrängten sie u. a. den Heiligen Berg. Ihr neues Hauptziel war allerdings Konstantinopel, das sie eroberten und ausplünderten. (Ein Teil der geraubten Schätze befindet sich im Domschatz in San Marco in Venedig.)

»Die Stadt« – Konstantinopolis – wurde auf barbarische Weise verwüstet und gebrandschatzt. Die »Kreuzfahrer« entweihten Kirchen, zerstörten oder stahlen Ikonen und Reliquien und metzelten mindestens 2000 unbewaffnete Bewohner nieder.

Griechische Zeitzeugen (Niketas Choniates) vergleichen die Einnahme Konstantinopels mit der Eroberung Jerusalems durch die Sarazenen

17 Jahre vorher (1187); die Muslims schneiden dabei wesentlich besser ab. Die haben nämlich die Christen, ohne ihnen etwas zu Leide zu tun, mit ihrer Habe unbehelligt ziehen lassen und auch das Grab Christi nicht angetastet.

Den größten Teil der griechischen Territorien des Reiches teilten die fremden Potentaten unter sich auf. Der orthodoxen Kirche hat man all ihren Besitz weggenommen. Ein dem Papst unterstellter Lateiner wurde als Patriarch eingesetzt. Auch Thessaloniki war von fränkischen Herrschern okkupiert worden. Unter deren Schutz griffen Frankenhaufen den Athos an, plünderten Klöster, jagten Mönche und folterten sie – oft bis zum Tode –, um aus ihnen Hinweise auf versteckte Kirchenschätze herauszupressen. Sie ermordeten vor allem diejenigen, die sich der sogenannten Union mit Rom nicht fügen wollten. Union – das war der wohlklingende Tarnname für die Unterwerfung der Orthodoxen unter den Heiligen Stuhl.

31 Wachtturm von Chilandaríou. Die burgartige Befestigung der Klöster bewährte sich im unruhigen 13. und noch zu Beginn des 14. Jh., als Normannen, Lateiner und Katalanen – die einen schlimmer als die anderen – den *Heiligen Berg* heimsuchten

Die Pressionen endeten nicht einmal nach der Rückeroberung der Stadt und der wichtigsten Teile des Reiches (1261) durch den Herrscher von Nikaia Michael VIII. Palaiologos. Dieser schloß, um einen erneuten Kreuzzug gegen Konstantinopel zu verhindern (Kreuzzüge mußten den Segen des Papstes haben), 1274 die Union (von Lyon) und erkannte damit das Primat von Rom an. Damit geriet er in einen ernsten Gegensatz zu seinen Untertanen und zum neuen griechischen Patriarchen, den er im folgenden Jahr durch den Lateinerfreund Wekkos ablösen ließ. Die Widerstände gegen die Union, die deren tatsächlichen Vollzug erfolgreich verhinderten, versuchte er mit Terror zu brechen. Es spricht einiges dafür, daß die von einigen Historikern angezweifelten Berichte über Heimsuchungen von Klöstern und Ermordung von Mönchen durch ihren eigenen Kaiser (Watopédi, Pantokrátoros, Zográphou und Protaton; Láwra soll sich damals mit den Unionisten arrangiert haben und unbehelligt geblieben sein) doch einen handfesten historischen Kern gehabt haben.

Die Katalanenplage Als Michael VIII. im Jahre 1282 starb, ohne den Segen seiner Kirche ins ungeweihte Grab mitnehmen zu können, folgte sein Sohn Andronikos II. nach, kündigte die Union von Lyon auf, warf Wekkos ins Gefängnis und stellte in allen Punkten die Orthodoxie wieder her. Der Heilige Berg kam zur Ruhe – allerdings nur für etwa ein Vierteljahrhundert.

Die neue Heimsuchung hieß Katalanische Kompanie. Diese von der Iberischen Halbinsel stammende Söldnertruppe bot 1302 dem Kaiser ihre Hilfe gegen ein hohes Entgelt an. Schon bald verfolgte sie aber ihre eigenen Ziele und zog marodierend und plündernd durch Nordgriechenland. Verstärkt wurde sie durch lose Haufen von Türken, die, durch die Aussicht auf Beute angelockt, den Hellespont überquerten. 1308 setzten sich die Katalanen auf Kassandra, dem südlichsten Finger der Chalkidikí, fest und plünderten von dort aus die Athosklöster, folterten und ermordeten Mönche und brandschatzten Klöster. Als sie merkten, daß sie Thessaloniki nicht einnehmen konnten, zogen sie in das von den Franzosen beherrschte Territorium um Athen. Der dortige Herzog Walter von Brienne nahm die Katalani 1309 in seinen Dienst, worauf sie ihm bereits zwei Jahre später Land und Leben nahmen und sich in Attika einnisteten.

Das Byzantinische Reich war nach all dem territorial und finanziell nur noch ein Schatten seiner selbst. Von den ehedem 180 Klöstern und klosterartigen Ansiedlungen des Heiligen Berges waren nur noch 25 übriggebliebeben. Ein Lichtblick und eine im historischen Rückblick durchaus richtige und zukunftsträchtige Entscheidung war die Verfügung des Kaisers Andronikos II. aus dem Jahre 1312, die den Athos ausschließlich dem Patriarchen von Konstantinopel unterstellte.

Geistige Blüte zwischen den Eroberungen von 1204 und 1453 Die Epoche zwischen der Rückeroberung von Konstantinopel aus der Hand der Lateiner 1261 und der Eroberung der Stadt durch die Osmanen 1453 bezeichnen wir als spätbyzantinisch. Der Begriff wird nicht zu unrecht vor allem in kulturgeschichtlichem Sinne gebraucht. Angesichts des desolaten Zustands des Reiches hat die byzantinische Kunst gerade damals eine erstaunliche Blüte erlebt. Diese hängt wiederum mit dem Erstarken einer geistig-geistlichen Strömung auf dem Athos, dem Hesychasmus, zusammen.

Die heilige Internationale

Die Georgier Unseres Wissens wurde 976, nur zwölf Jahre nach der Gründung von Méjisti Láwra, als zweites Kloster Íwiron errichtet. Die Stifter (wie die ersten Bewohner) waren keine Griechen, sondern Iberer, also Mönche aus Georgien. Im 14. Jh. wurde das Kloster griechisch. Machtpolitische Intrigen haben dabei eine nicht unwesentliche Rolle gespielt.

Die Lateiner Bis zum Jahre 1054, in dem Rom mit Konstantinopel brach, existierte auch noch das vermutlich erst Anfang des Jhs. gegründete Benediktinenkloster der Amalphiten, bewohnt von italienischsprachigen Katholiken aus Sizilien.

Die Russen Slawische Mönche kamen vom 10. Jh. an, in größerem Ausmaß aber im 12. Jh., zum Athos. Antonios Petschersky von Kiew, Mitbegründer des russisch-orthodoxen Mönchtums, studierte in Jéra Moni Esphigménou das Kinowitentum, kehrte vor 1051 nach Kiew zurück, gründete die berühmten Höhlenklöster von Kiew und gab ihnen ein Typikon nach dem Vorbild der Regeln vom Ajíon Oros.

Um 1142 besteht ein russisches Kloster Xylourgou an der Stelle der heutigen Skíti Wogoroditsa. Die Russen siedelten zweimal um, das letzte Mal 1765 an die Südwestküste. Das Kloster Jéra Moni Panteleïmonos oder Russiko wurde vom Zaren unterstützt, der sich nach dem Fall Konstantinopels als Nachfolger des byzantinischen Kaisers fühlte – frei nach der Devise: Das erste Rom ist untergegangen, das zweite – nämlich Konstantinopel – in die Hände der Türken gefallen. Moskau ist das dritte Rom – und ein viertes wird es nicht mehr geben.

Rußland trat als Schutzmacht der Orthodoxen auf und kümmerte sich ganz besonders um die Griechen, die unter osmanischer Oberherrschaft standen. Eine griechische Handelsflotte fuhr unter russischer Flagge. Vom 16./17. Jh. an durften Athos-Mönche unter dem persönlichen Schutz des Zaren Rußland besuchen und Spenden für ihre Klöster sammeln. Der Zuzug der Russen zum *Swetli gora* in der 2. Hälfte des 19. Jhs. sprengte jedes Maß. Um 1900 hat es schließlich mehr Russen als Griechen auf dem Athos gegeben. Tatsächlich wirkt Panteleïmonos wie eine kleine russische Stadt aus dem 19. Jh.

Damals kamen gewisse Befürchtungen auf, der Zar wollte den Athos zu einem Stützpunkt ausbauen, um die freie Durchfahrt russischer Schiffe durch die Dardanellen auch von der anderen Seite her abzusichern. Ich kann nicht beurteilen, wie stichhaltig dieses Gerücht war, aber wie man die Politik der Großmächte so kennt ... Nach 1917/18 versiegte der Zustrom von Russen allmählich.

Ich hatte 1953 nur noch sieben Mönche in Panteleïmonos angetroffen, aber Glasnost und Perestroika eröffnen dem religiösen Leben wieder neue Möglichkeiten.

Die Serben In das erste russische Panteleïmonos-Kloster trat in der zweiten Hälfte des 12. Jh. Rastko, ein jüngerer Sohn von Stephan Nemanja, der als Begründer des Serbenreiches gilt, ein. Später wechselte der junge Prinz, der den Mönchsnamen Sawa angenommen hatte, ins griechische Kloster Watopédi über. 1197 stieß sein Vater zu ihm. Dieser hatte die Herrschaft an einen seiner älteren Söhne abgegeben und war während eines kurzen Zwischenaufenthalts im Kloster Studenica in Serbien unter dem Namen »Symeon« Mönch geworden. Es war damals nichts Außergewöhnliches, sich nach einem erfüllten Leben ins Kloster zurückzuziehen, um sich auf das Leben bei Gott nach dem Tod vorzubereiten –

durchaus auch nicht für alternde Herrscher, weil sie schließlich die Diskrepanz zwischen Machtpolitik und gottgefälligem Leben am eigenen Leibe erfahren und sicherlich auch durchleiden mußten. Ungewöhnlich erscheint es allerdings, daß ein Vater, zusammen mit seinem Sohn, in mönchischer Abgeschiedenheit lebt und daß beide dabei eine geradezu unerhörte Wirksamkeit entfalten.

Sawa reist – auch im Auftrag seiner serbischen Mitbrüder – nach Konstantinopel und erbittet sich vom Kaiser Alexios II. Angelos das damals aufgelassene Kleinklösterchen Chilandaríou (Chelandar). In freier, an die Verhältnisse auf dem Athos angepaßter Form übersetzt er dafür ein Typikon eines hauptstädtischen Klosters. Zusammen mit seinem Vater baut er Jéra Moni Chilandaríou aus. Doch der betagte Mönch Symeon stirbt schon im Jahre 1200. Das Totenamt wird in allen Sprachen aller der Völker, die damals auf dem Athos vertreten waren, gesungen. Wunder am Grabe des ehemaligen Herrschers veranlassen eine Synaxis (Versammlung) von Klostervorstehern, Sawa zu beauftragen, eine Vita seines Vaters zu schreiben.

Sawa selbst zog sich in ein Kellion bei Karyes zurück. Erich Feigl, aus dessen Buch sein sympathisches Engagement für die Menschen auf dem Athos spricht, betont zu Recht, daß Sawa durch die Gründung von zahlreichen Kellien und die wirtschaftlich folgenreiche Anweisung an die Mönche des Klosters, im Bedarfsfall die Ein- und Mehrsiedler in den Kellia bei der Landarbeit zu unterstützen, ein gewisses Gegengewicht gegen die Maßnahmen des heiligen Athanasios geschaffen habe. Während jener einseitig das kinowitische Klosterleben bevorzugt hat, gab der heilige Sawa dagegen dem anachoretischen Ideal wieder einen kräftigen Auftrieb.

1204 jedoch rückten die Lateiner an. Ihr Terror zum Zwecke der Proselyten-Macherei war so stark, daß sich Sawa 1207 veranlaßt sah, die Gebeine seines bereits als heilig geehrten Vaters nach Studenica in Sicherheit zu bringen. Zunächst blieb er auch selbst dort. Aus Unzufriedenheit über die prorömische Politik seines Bruders begab er sich jedoch wieder auf den Athos.

Die serbischen Potentaten haben für den Heiligen Berg – der unter Stephan Duschan eine Zeitlang zu ihrem Herrschaftsbereich gehörte – immer große Sympathien gehabt. Zahlreiche Metochia – landwirtschaftliche Außenstellen, die für die Einkünfte der Klöster sorgten – lagen auf serbischem Territorium. Símonos Pétras wurde als serbisches Kloster

32 Blick in den Hof der Jéra Moni Chilandaríou. Vor dem Katholikón steht die Phiáli – das Ciborium über dem brunnenförmigen Weihwasserbehälter

gegründet, die Wiederbelebung von Ajíou Pawlou ist den Serben zu verdanken. Eine Quelle von 1489 bezeichnet fünf Klöster als serbisch: Jéra Moni Chilandaríou, Ajíou Páwlou, Grigiríou, Dionysíou und Dochiaríou.

33 Tod des heiligen Sawa. Gemälde aus dem 19. Jh. im Athoskloster Jéra Moni Chilandaríou

Die serbischen Mönche aus Jéra Moni Chilandaríou haben die Griechen auch bei ihrem Freiheitskampf unterstützt. In Chilandaríou hängen die Porträts griechischer Freiheitskämpfer neben denen der serbischen. Nach dem letzten Weltkrieg war der Zuzug aus dem Nordwesten zunächst unterbunden worden. Heute leben auch wieder jüngere Mönche in Jéra Moni Chilandaríou. Das Kloster benötigt noch einige finanzielle Mittel, damit die wertvollen Fresken von Anfang des 14. Jhs. von der Übermalung aus dem 19. Jh. befreit werden können.

Die Bulgaren Im Jahre 865 ließ sich der Bulgaren-Khan Boris taufen. Schon bald darauf müssen bulgarische Mönche auf die Athoshalbinsel gekommen sein, denn im Kloster Zográphou finden sich slawische Urkunden von 919, die den Grenzverlauf des damaligen Klein-Klösterchens beschreiben, das erst in einer Urkunde von 1270 zu den Anlagen mit dem Status eines Klosters gezählt wird.

Zográphou war immer fest in bulgarischer Hand. Doch lebten bis 1840 auch Griechen in dem Kloster. Die Liturgie wurde zweisprachig gesungen. Groß ausgebaut wurde das Kloster Ende des 19. Jhs. ganz im Stil dieser Zeit.

1489 waren auch Símonos Pétras und Philothéou bulgarisch. Getrübt wurde das Verhältnis zu den Bulgaren 1913 während des 2. Balkankrieges, ein Jahr nach der Befreiung des Heiligen Berges von den Osmanen. Bulgarien versuchte damals Makedonien, und vor allem den Mittelmeerhafen Thessaloniki, in die Hand zu bekommen, wurde aber von den ver-

34 Das bulgarische Kloster Zográphou – »des Malers«: Die drei Gründerväter (10. Jh. unter Leon VI.), alles leibliche Brüder aus Ochrid, konnten sich nicht darüber verständigen, wem das Katholikón geweiht werden sollte. Moyses schlug die Panajía (Allheilige) vor, Aaron den heiligen Nikolaos und Joannis den heiligen Jeorjíos (Georg). Schließlich einigten sie sich darauf, die Entscheidung Gott selbst zu überlassen. Sie schlossen eine Holztafel ins Katholikón ein und baten um ein Zeichen. Als sie die Kirche abermals betraten, war das vordem blanke Holz zu einer Georgsikone geworden

einten Griechen und Serben zurückgeschlagen. Ein neuer Tiefpunkt wurde während des Zweiten Weltkrieges erreicht, als im Laufe der Besetzung Griechenlands durch Deutsche und Italiener die Bulgaren Thrakien bekamen.

Die Athos-Mönche fürchteten die Annexion durch Bulgarien und wandten sich mit einem übrigens auch von den Vertretern des bulgarischen Klosters unterzeichneten Schreiben an die damalige deutsche Regierung. Sie baten sie, als Schutzmacht für den Heiligen Berg aufzutreten und seine Selbständigkeit zu respektieren – was auch geschah. Der Leiter der mitten im Krieg auf den Athos entsandten wissenschaftlichen Expedition, Universitätsprofessor und Hauptmann Dr. Franz Dölger und seine Mitarbeiter, haben alles getan, um den Heiligen Berg von Besetzungen und Annexionen frei zu halten.

In Dölgers 1943 erschienenem Bildband *Mönchsland Athos* findet sich eine Aufnahme aus dem Kloster Kastamonítou mit einem von einem Mönch (nach einer Vorlage in einer Zeitung) gemalten Hitlerbild. Diese Veröffentlichung wirkt aus heutiger Sicht wie eine peinliche Entgleisung. Ich vermute jedoch, daß dahinter die Absicht steckte, etwas am Mythos vom damaligen Deutschen Reich als Schutzmacht der Athoskultur mit zu weben, um dann auch tatsächlich eine humane Behandlung des Athos durchsetzen zu können. Seine taktische Berechnung ist ganz offensichtlich auch aufgegangen.

Heute verwaltet eine Handvoll sehr alter, sehr lieber und auch sehr armer bulgarischer Mönche das große Kloster.

Die Rumänen Aus der frühen Periode des Athos wird wenig über rumänische Mönche mitgeteilt – was nicht unbedingt viel zu sagen haben muß. Andererseits sind Ende des 11. Jhs. etwa 200 bis 300 wlachische (also rumänischsprachige) Wanderhirten in die Athoshalbinsel eingedrungen und haben dort für erhebliche Unruhe gesorgt. Die Dokumente über die Wlachen-Invasionen bekunden ziemlich deutlich, daß vor allem die weiblichen Mitglieder der Wanderhirtensippen erhebliche Verwirrungen angerichtet haben. Den Bemühungen des Patriarchen, des Kaisers und nicht zuletzt auch der Klostervorsteher ist es zu verdanken, daß die Ruhe auf dem Athos wieder hergestellt werden konnte.

Eine bedeutende Rolle als Sponsoren übernahmen die wlachischen Herrscher, in deren Territorien die Athosklöster auch ausgedehnte Ländereien hatten, in der Zeit der Türkenherrschaft ab 1453 – zum Teil auch schon vorher. Ihre großzügigen Spenden waren für den Heiligen Berg das, was zuvor die kaiserlichen Stiftungen waren.

Ein eigenes rumänisches Kloster scheint es auf dem Athos nicht gegeben zu haben. Dabei ist zu berücksichtigen, daß der Staatsname Rumänien erst 1861 aufkommt. Vorher hat es auf dem Gebiet des nachmaligen Rumänien die Donaufürstentümer, vor allem die Walachei und Moldawien, gegeben.

In mehreren Skiten hat ein großer Anteil an rumänischen Mönchen gelebt. 1857 wurde das Kellion Ajíou Prodrómou zur Skíti erhoben. Äußerlich ist sie von einem Kloster nicht zu unterscheiden.

Die Albanier Die erwähnte Quelle von 1489 bezeichnet das Kloster Kastamonítou als albanisch.

Brüderlichkeit und Ausländerfeindlichkeit Die heutige Verteilung von Nationalitäten auf die verschiedenen Klöster und Skiten, wie sie unserer Übersicht (vgl. S. 167ff.) zu entnehmen ist, ergibt kein objektives Bild der historischen Situation. Die Zahl der Serben, Bulgaren und Rumänen war früher wesentlich höher. Wie schon erwähnt, sind mehrere Klöster teils serbisch, teils bulgarisch gewesen. Um die Jahrhundertwende gab es weder ein Kloster noch eine Skíti, in der nicht ein größerer Prozentsatz an Russen lebte. Allein in den 20 Klöstern waren es etwa 3000 russische Mönche (Gesamtzahl der Mönche heute ca. 2000).

Bedauerlicherweise ist nun auch der Heilige Berg nicht so heilig, als daß er ganz auf die Gott bestimmt nicht sehr wohlgefälligen nationalen Spannungen verzichten könnte. In den 20er Jahren hat sich ein geringer, aber fanatisierter Teil der griechischen Mönche als nationalistische Speerspitze gegen die Slawen verstanden. Nach dem Zweiten Weltkrieg ging die damals vermutlich nicht ganz unberechtigte Angst vor kommunistischer Unterwanderung um. Nun wird sich hoffentlich die neue internationale Situation in Ost- und Westeuropa auch auf das traditionell brüderliche Miteinander der verschiedenen Nationen auf dem Heiligen Berg förderlich auswirken.

Angehörige aller Nationen, die auf dem Athos als Mönche leben, erhalten die griechische Staatsangehörigkeit.

Die spätbyzantinische Blütezeit des Ajíon Oros

Übergabe der Verantwortung an den Patriarchen Andronikos II. Palaiologos hatte unmittelbar nach dem Desaster, das die von ihm angeheuerte und dann auf eigene Rechnung marodierende katalanische Soldateska angerichtet hatte, den Heiligen Berg nach Kräften finanziell unterstützt, gleichzeitig aber auch mit einer Goldbulle von 1312 die kaiserliche Aufsicht über den Athos an den Patriarchen abgetreten. Die - ausschließlich in geistlicher Hinsicht - dem Patriarchen unterstellten Klöster bezeichnen sich als *stawropijío* (aus der Quelle des Kreuzes stammend).

Die Auseinandersetzungen um das unerschaffene Licht Bis zur Mitte des 14. Jhs. entwickelte sich der sogenannte Hesychastenstreit. In dieser Bewegung, die für die geistig-geistliche Entwicklung des Athos und der gesamten Orthodoxie, nicht zuletzt auch Rußlands, meines Erachtens das wichtigste Ereignis überhaupt war, ging es darum, ob die Praxis der

35 Der Innenhof von Jéra Moni Pantokrátoros, eines der wenigen (im Augenblick noch?) idiorrhythmischen Klöster

36 Jéra Moni Dionysíou, eine Gründung aus der Hesychastenzeit

mystischen Versenkung, die zur Innenschau des göttlichen Lichtes führt, mit der griechisch-orthodoxen Glaubenslehre übereinstimmt oder nicht.

Im Konzil zu Konstantinopel siegten die Hesychasten unter Grigórios Palamás, dem Athos-Mönch und späteren Bischof von Thessaloniki. (Näheres S. 114 ff.) Alle vier Klöster, die in diesem 14. Jh. (Mitte bis zweite Hälfte) auf dem Ajíon Oros entstehen – Jéra Moni Grigoríou, Pantokrátoros, Dionysíou und Símonos Pétras – sind eng mit der hesychastischen

Lichtmystik verbunden. Pantokrátoros ist der Metamorphosis (6. August) geweiht, dem *unerschaffenen Licht* der Verklärung Christi, das zu schauen – nach Grigórios Palamás – der meditierende Mönch begnadet werden kann. Grigoríou ist nach Grigórios Sinaítis benannt, der den Hesychasmus vom Sinai zum Athos brachte. Símonos Pétras, früher Neu-Bethlehem genannt und der Geburt Christi geweiht (25. Dezember), ließ der heilige Simon auf einem Felsen erbauen, über dem er die *Lichterscheinung* des Sternes von Bethlehem gesehen hat.

Dionysíou, das Kloster des selbständigen Kaiserreiches von Trapezunt, wurde über einen Felsen gebaut, über den der heilige Hesychast und Eremit Dionysios einen Lichtschein wie aus einer gewaltigen Fackel schaute, ohne daß er eine Quelle dafür erkennen konnte.

Blütezeit des Individualmönchtums im 17. Jh. In dieser Atmosphäre breitete sich die idiorrhythmische Lebensweise in den Klöstern aus. Für ihre Entstehung wurden vielfach wirtschaftliche Gründe angeführt. Tatsächlich hat sich dann im 17. Jh., als die Klöster unter den Türken von vielen ihrer Ressourcen abgeschnitten waren, diese Form so stark ausgebreitet, daß sie schließlich alle 20 Klöster erfaßte. Erst im 19. Jh. setzte eine Rückkehr zur kinowitischen Form ein, die bis heute anhält.

Als es den Klöstern wirtschaftlich schlecht ging, war die Selbstversorgung der Mönche die einzig mögliche Form, die Existenzkrise zu überwinden. Nun entwickelte sich aber die Idiorrhythmie auf dem Athos – wie im übrigen andernorts in Griechenland, sowie später auch in Rußland – bereits ein gutes halbes Jahrhundert vor der Osmanenzeit, und meiner Meinung nach kann es kein Zufall sein, daß sie dem Hesychasmus auf dem Fuße folgte. Die rituelle Vergegenwärtigung des Heilsgeschehens im Gottesdienst hat die kinowitische Lebensform zur Voraussetzung. Die ekstatisch-individuelle Gottesschau in der Abgeschlossenheit der eigenen Zelle oder Höhle dagegen läßt sich besonders gut in einem Leben nach *eigenem Rhythmus* – eben einer *idiorrhythmischen* Lebensform – verwirklichen.

Vielleicht ist das alles auch vor dem Hintergrund einer typisch griechischen Erscheinung, der des *Kefi*, zu sehen. Griechische Feste beginnen nicht mit einem Paukenschlag, sie laufen ganz langsam an. Griechen pflegen erst aus sich herauszugehen, wenn sie in die richtige Stimmung gekommen sind, wenn sie *Kefi* haben. Das gleiche ist bei Gottesdiensten in Dorfkirchen zu erleben, die oft zaghaft und unkonzentriert beginnen, mit einem Psalmensänger und ein paar älteren Mütterchen, die im Narthex der Kirche plaudern. Der westliche Beobachter, der diszipliniert in Stimmung kommt, wenn das die Situation von ihm verlangt, denkt sich dann, daß aus dem, was hier vorgeht, nie etwas werden könne – und ist dann überrascht, wenn in einer sich füllenden Kirche voller Inbrunst gesungen und gebetet wird. Das gleiche ist auch bei Gottesdiensten in Athosklöstern zu beobachten – wenigstens da, wo es noch echt griechisch zugeht und noch niemand verdorben ist von abendländischer Gedankenblässe und westlichem Ordnungsfanatismus.

Die Patriarchen schrieben Briefe an die einzelnen Klöster, um die Entwicklung aufzuhalten. 1406 versuchte Manuell II. Palaiologos, mit einer Goldsiegelbulle – dem 4. Typikon des Athos – der kinowitischen Lebensform wieder Geltung zu verschaffen. Viel Erfolg war ihm dabei nicht beschieden.

»Der Athos blüht«, betonte mir gegenüber ein griechischer Politologe, den ich auf dem Athos traf. Nun, ich hoffe darauf, daß man tatsächlich dort in Zukunft alle Blumen blühen läßt – auch die der idiorrhythmischen Lebensweise.

Die idiorrhythmischen Mönche dürfen Eigentum haben. Das Gemeinschaftsleben wird zugunsten individueller Freiheiten eingeschränkt.

1953 und 1954 hatte ich neben den elf kinowitischen noch neun idiorrhythmische Klöster angetroffen. Fünf von denen sind in den letzten beiden Jahrzehnten kinowitisch geworden. Ein weiteres – Jéra Moni Chilandaríou – befindet sich im Stadium des Übergangs. Heute sind nur noch Jéra Moni Watopédiou, Íwiron und Pantokrátoros idiorrhythmisch. Den letzteren ist es zwar freigestellt, kinowitisch zu werden, doch ist andererseits den kinowitischen Klöstern der Rückweg zur Idiorrhythmie untersagt.

Widerstand gegen die Union Heftigen Widerstand setzten die Athos-Mönche – mit Ausnahme derer von Láwra und Watopédi – den Unionsbestrebungen von 1439 unter dem vorletzten byzantinischen Kaiser Johannes VIII. Palaiologos entgegen. Die Mönche konnten sich das damals leisten, waren sie doch seit dem Fall Thessalonikis 1430 unter osmanischer Botmäßigkeit. Dem Reich hat das Kuschen vor dem Heiligen Stuhl, von dem man sich Hilfe gegenüber den Muslims versprach, nichts gebracht. 1453 fiel Konstantinopel in die Hand Mehmeds II. Er wandelte die Ajía Sophía in die Hauptmoschee des Osmanischen Reiches um.

Die Osmanen und die Herrscher der Donauländer

Tourkokratia Klugerweise hat sich der Athos gegen 1430 kampflos der osmanischen Übermacht ergeben. Die Türken ließen deshalb den Ajíon Oros unangetastet, hielten sich an ihre bewährte Methode, alte, vornehmlich klerikale Verwaltungsstrukturen zu übernehmen und für die eigenen Zwecke nutzbar zu machen. Christen und Juden waren zudem für sie *Achli Kitab* (Besitzer eines göttlichen Buches) und mußten als solche nicht wie die Kafir (nach muslimischem Verständnis Götzenanbeter) auf Grund religiöser Gebote verfolgt werden. Außerdem hat man sie als mehr oder weniger munter sprudelnde Quelle für Steuern betrachtet, von denen die Anhänger des Propheten befreit waren.

Es herrscht somit eine gewisse Tendenz in der Literatur vor, die Osmanen als milde und tolerante Herren über die Christen, besonders auch über die Athos-Mönche, hinzustellen. Proselyten-Macherei hat es tatsächlich nicht gegeben.

Das Schlimme für die beherrschten Völker im Osmanischen Reich war weniger aktueller Terror als – abgesehen von der materiellen Ausplünderung – die ständige Rechtsunsicherheit. Die Klöster wurden ausgepreßt und mußten hohe Steuern zahlen. Metochien im Zugriffsbereich türkischer Paschas wurden ihnen willkürlich weggenommen. Andererseits traten die Sultane selbst als Schutzherrn des Athos auf. Ihre Firmans, die Abgaben ermäßigten und Schutz vor Steuereintreibern verhießen, lassen sich durchaus unterschiedlich interpretieren: als Ausdruck der Großzügigkeit und Duldsamkeit der Hohen Pforte wie auch als Zeugnis für die willkürlichen Erpressungen der osmanischen Steuereintreiber und sonstiger korrupter Beamter, die alle darauf aus waren, neben dem Staatssäckel auch ihren eigenen zu füllen.

Im groben Überblick läßt sich sagen, daß die Klöster in den ersten Jahrhunderten zunächst total verarmten, daß von der zweiten Hälfte des 18. Jhs. ein wirtschaftlicher und auch geistiger Aufschwung erfolgte, der im wesentlichen bis zur Befreiung 1912 anhielt, allerdings durch die Wirren der griechischen Freiheitskriege ab 1821 unterbrochen wurde.

Hilfe aus Moldawien, der Walachei und Rußland Um existieren zu können, waren die Mönche gezwungen, Geschäfte zu machen. Das 5. Typikon, ausgestellt 1574 vom Patriarchen, erwähnt unter den auf den Athos eingerissenen Mißständen auch den Vertrieb gefälschter Urkunden. Und doch beweisen schon die nachbyzantinischen Bauten und Wandmalereien, daß der Athos auch in den schwierigen Jahrhunderten der »Tourkokratia« das religiöse und kulturelle Zentrum der orthodoxen Kirche blieb. Seine Klöster enthalten das bedeutendste Reservoir an post(nach)byzantinischer Kunst, die übrigens bis heute nicht ausreichend erforscht ist.

Die Mittel kamen von den Herren der Donauländer, der Wallachei, Moldawiens und Bessarabiens. Diese waren zinsabhängig vom Osmanenreich, konnten aber weitgehend frei in ihren Ländern schalten und walten. Sie traten schon vor der Eroberung Konstantinopels in die Fußstapfen der byzantinischen Kaiser. Ab Ende des 16. Jhs. luden die Zaren die Athos-Mönche zu regelmäßigen Spendensammlungen in Rußland ein.

Schon in der ersten Hälfte des 16. Jhs. hat sich eine asketische Gegenbewegung gegen die Idiorrhythmie in den Klöstern gebildet, die bis ins 19. Jh. hinein andauerte. Mönche aller auf dem Athos vertretenen Nationalitäten gründeten kinowitische Skiten und Kellien.

Eine Universität für die Griechen – die Athos-Akademie 1751 wurde mit Hilfe des Patriarchen unweit von Watopédi die Athos-Akademie gegründet. Im Zeichen des zu der Zeit neu erwachenden Selbstbewußtseins der Hellenen sollte auf dem Ajíon Oros mit seinem geschützten Sonderstatus eine vor dem direkten Zugriff der Osmanen sichere Zentraluniversität für die unterdrückte griechische Jugend gegründet werden.

Das Projekt ließ sich unter der Leitung des begabten Philosophen Ewjenios Woulgaris zunächst auch recht gut an und fand erheblichen Widerhall im Ausland. Die Türken haben auch nichts dagegen unternommen. Doch die Mönche sahen in der Akademie einen Hort des Liberalismus und Atheismus. Ende des Jahrhunderts verfügte das Patriarchat ihre Schließung. Aufgeregte Mönche rotteten sich zusammen und zerstörten die Gebäude. Die Ruinen sind von Watopédi aus zu sehen.

Neuordnung der Verwaltung und Rückkehr zum kinowitischen Leben Láwra, Watopédi, Íwiron, Chilandaríou und Dionysíou waren im 18. Jh. die reichsten Klöster – sowohl hinsichtlich ihrer finanziellen Mittel, die sie den Donauländern verdankten, als auch hinsichtlich ihres Einflusses. Die kleineren Klöster waren verarmt und ausgeblutet, die Stellung des Protos in Karyes unterminiert.

Nach einigen vergeblichen Anläufen, die Dinge zu ordnen, erließ der Patriarch Gawriíl IV. im Juni 1783 eine neue Verfassung für den Ajíon Oros, das 6. Typikon. Es schneidet die Rechte der führenden Klöster etwas zurück, führt die Verwaltung durch die jährlich wechselnde Jéra Epistasía (bestehend aus vier Mönchen aus vier verschiedenen Klöstern) ein sowie den vierfach geteilten Stempel, der die 20 Klöster in fünf Vierereinheiten (Tetrades) einteilt, was garantiert, daß alle Klöster im Wechsel an der Athosverwaltung beteiligt werden. Außerdem erneuert es eine Reihe von Bestimmungen über den schlichten Lebenswandel der Mönche, die schon in früheren Typika erwähnt worden waren. Dieses 6. Typikon wurde das Vorbild für die bis heute verbindliche Konstitution von 1924. Eine seiner direkten Folgen war die »Rekinowitisierung« der Klöster.

Wohlhabenheit kommt vor dem Fall – die Freiheitskämpfe und ihre Folgen Als Zuwendungen hatten die Klöster durch die Jahrhunderte hindurch Reliquien, Kunstschätze und Barmittel erhalten. Wirtschaftlich

37 Die Gemeinschaft des Klosters Xenophóntos an der Südwestküste der Athoshalbinsel kehrte 1784 zur kinowitischen Lebensform zurück

am bedeutendsten waren für sie jedoch die Metochien, die Ländereien in Makedonien, besonders auf der Chalkidikí, in Thrakien, auf den Ägäisinseln, in Kleinasien, in Serbien, in den Donauländern, in Georgien und Rußland. Vom ausgehenden 18. Jh. an flossen aus diesen Latifundien allen Klöstern wieder bedeutende Mittel zu. Nun brach 1821 die Erhebung der Griechen gegen das osmanische Joch aus.

Helle Begeisterung für den Aufstand herrschte in einigen Klöstern, gedämpfter Optimismus in den anderen. Während die älteren Mönche zu Besonnenheit rieten, wollten sich die jüngeren am liebsten sofort kopfüber in den Kampf stürzen. Als in Makedonien die ersten Scharmützel aufflammten, trafen sich die leitenden Mönche von Láwra, Watopédi, Íwiron und Chilandaríou im Kloster Esphigménou und beschlossen, eine Armee zu gründen. Unter der Leitung von Emmanuouil Pappas aus Serres in Thrakien sammelten sich freiwillige Mönche. Die Türken nahmen daraufhin Geiseln aus den Metochien auf der Chalkidikí und schlachteten bei dieser Gelegenheit über 100 Mönche ab.

Gegen Ende des Jahres 1821 wurde die Einheit der Athoniten auf Kassandra von den türkischen Truppen aufgerieben; unbeteiligte Frauen und Kinder aus den Dörfern der Halbinsel wurden rücksichtslos niedergemacht. Wer konnte, floh zum Athos. Die Überlebenden der verunglückten Expedition wollten sich dort verschanzen. Nun aber gewann die Friedenspartei die Oberhand. Alles, was wehrtüchtig und willig war, versuchte, sich in das bereits befreite Südgriechenland durchzuschlagen. Als im Dezember 3000 türkische Soldaten einrückten, verzichtete der verbleibende geringe Rest älterer Mönche auf Widerstand. Die Osmanen, die sich bis 1830 auf dem Heiligen Berg festsetzen sollten, schickten zwölf Geiseln nach Konstantinopel, brandschatzten Láwra und Esphigménou, plünderten in den Klöstern und belegten sie mit hohen Strafabgaben. Die Mönche konnten die Summe nicht aufbringen, weswegen 82 von ihnen 1823 »hingerichtet« wurden. Der griechische Aufstand endete mit der Befreiung der Peloponnes, des südlichen Teils des griechischen Festlandes bis zur Linie Arta – Wolos und eines Teils der Inseln. Der Norden Griechenlands mußte noch warten – noch mehr als 80 Jahre.

Unterstützung von außen Der Athos erholte sich überraschend schnell. Zerstörte Kirchen wurden wiedererrichtet, andere mit Vorhallen ausgebaut. Finanzieren konnten das die Athoniten zunächst mit Zuwendungen aus den Donauländern und Erträgen aus den dortigen Metochien. Das änderte sich erst nach der Gründung des rumänischen Staates ab 1859. Der frischgebackene Nationalstaat beanspruchte den Großteil der kirchlichen Ländereien für sich selbst. Ein gewisser Ausgleich erfolgte in der zweiten Hälfte des Jahrhunderts dadurch, daß die russischen Zaren sich intensiver um den Athos zu kümmern begannen. Doch schließlich strömten so viele Russen auf den Heiligen Berg, daß das russische Element gegen Ende des Jahrhunderts auf dem *Swetli Gora* die Oberhand bekam.

Griechenland und der Athos

Die beiden Balkankriege von 1912 und 1913 1912 konnten die vereinigten griechischen, serbischen und bulgarischen Truppen unter dem Befehl des griechischen Kronprinzen Konstantin I d. Gr. in einem 20tägigen Blitzkrieg Makedonien von den Osmanen befreien. Im darauffolgenden Jahr wurden von den vereinten Griechen und Serben die Bulgaren gehindert, Thrakien, Thessaloniki und die gesamte Chalkidikí mit dem Athos zu annektieren. Zu der Zeit verletzten das zaristische Regime mit einer Aktion, die das Mißtrauen gegenüber den Russen schüren mußte, die Souveränität des Athos: Zwischen einer konservativen und einer reformerischen Gruppe russischer Mönche in Panteleïmonos waren schwere Streitigkeiten ausgebrochen, die die Jéra Epistasía nicht zu schlichten vermochte, da sie über zu wenig Leute verfügte. Im Frühjahr 1913 schickten die Russen jedoch einen Dampfer, der 120 Kosaken anlandete. Diese lösten dann die Probleme mit der Kurbatsch, nahmen die nach ihrer Meinung Verantwortlichen fest und verfrachteten sie nach Rußland.

Die Proteste von griechischer Seite überhörte man geflissentlich. Im Juli konnten dann die Griechen das bis dahin noch bulgarisch besetzte Kawalla einnehmen. Im Frieden von Bukarest (28. Juli bis 10. August 1913) erkannten dann die Kriegsbeteiligten die Zugehörigkeit des Athos zu Griechenland an.

Die Besetzung des Athos im Ersten Weltkrieg und die Wirren der beginnenden 20er Jahre Nach Ausbruch des Weltkriegs sollen sich die russischen Mönche von Panteleïmonos mit den bulgarischen von Zographou eine regelrechte Schlacht geliefert haben. Die Bulgaren standen auf

Seiten der Achsenmächte und hätten am liebsten wieder Thessaloniki, den Athos und Konstantinopel vereinnahmt. Die Entente-Mächte – Engländer und Franzosen – besetzten in mehreren Wellen zwischen 1916 und 1919 den im neutralen Nordgriechenland gelegenen Athos. Diese Gelegenheit nutzte der berühmte französische Byzantinist Prof. Gabriel Millet, um den Freskenbestand des Ajíon Oros fotografisch zu dokumentieren.

Sehr schlimme Folgen ergaben sich daraus, daß die Entente-Mächte 1919 Griechenland zum kleinasiatischen Abenteuer ermunterten. Die kleinasiatische Küste war damals großflächig griechisch besiedelt, in Konstantinopel war die größte ethnische Gruppe griechischsprachig, und weite Teile Kappadokiens waren von griechisch-orthodoxen Leuten bewohnt. Die Griechen versuchten nun, diese Landesteile der im Ersten Weltkrieg auf der Verliererseite kämpfenden Türkei abzunehmen. Dabei ging es nicht zuletzt auch um die Sicherheit der griechischen Bevölkerung. Das Beispiel des Genozids an den Armeniern 1915 durch die Osmanen, durchgeführt mit wohlwollender Duldung der Regierung des deutschen Kaiserreiches, ließ für die Zukunft der Griechen in Kleinasien nicht viel Gutes erwarten.

Doch die Expedition scheiterte. Den geschlagenen Truppen folgte in wilder Flucht die Zivilbevölkerung. Die Menschen liefen um ihr Leben. So entkamen zwei Millionen Flüchtlinge nach Griechenland.

Die Athosklöster verloren durch die sogenannte Kleinasiatische Katastrophe zunächst ihre Ländereien in Kleinasien – wie auch die in Griechenland. 1923 nahm die griechische Regierung die Klöstergüter mit Hilfe eines sogenannten Pachtvertrags weg, um auf dem so gewonnenen Grund und Boden Flüchtlinge anzusiedeln. Ouranopolis etwa ist eine Siedlung von Leuten aus Konstantinopel auf dem ehemaligen – in diesem Falle freiwillig zur Verfügung gestellten – Grund und Boden eines Athosklosters. Die Mönche selbst gaben Flüchtlingen Arbeit und Brot. Allerdings sind die Klöster seit jener Zeit nicht mehr in der Lage, sich selbst zu versorgen. Zwischen 1924 und 1927 wurde dann den Klöstern auch noch der Großteil der Metochien auf griechischem Territorium – gegen ein Taschengeld von Entschädigung – weggenommen.

Während jenes Vertrages von Lausanne, der den »Bevölkerungsaustausch« regelte, indem er die Vertreibung nachträglich legalisierte, wurde der Heilige Berg als Teil Griechenlands anerkannt, wobei man die beson-

Die vier auf den Athos bezogenen Artikel der griechischen Verfassung von 1927

Artikel 109

Die Halbinsel Athos, von der Grenze an bekannt als Megali Wigla, bildet das Gebiet, bekannt als »Der Heilige Berg«, und stellt, in Übereinstimmung mit seinem speziellen, aus unausdenklicher Vorzeit stammenden Status, einen dezentralisierten Teil des griechischen Staates dar. Die Souveränität des Staates bleibt, wie bisher, unangetastet. In geistlichen Angelegenheiten ist der Heilige Berg direkt unterstellt der Jurisdiktion des ökumenischen Patriarchen. Alle Mönche, die auf dem Berg leben, erhalten selbsttätig die griechische Staatsangehörigkeit ohne irgendwelche besonderen Formalitäten, gleichgültig, ob sie als Novizen oder Mönche eingeführt sind.

Artikel 110

In Übereinstimmung mit seinen Statuten wird der Heilige Berg regiert durch die 20 herrschenden Klöster. Sie besitzen die gesamte Halbinsel des Athos, und es ist ihnen untersagt, seinen Boden zu veräußern. Die Regierung wird ausgeübt von Vertretern derjenigen 20 Klöster, die die heilige Gemeinschaft bilden. Jede Änderung im Regierungssystem, in der Zahl der herrschenden Klöster auf dem Heiligen Berg, in ihrer offiziellen Rangfolge oder in ihrem Verhältnis zu ihren Außenniederlassungen, ist absolut untersagt.

Der **Artikel 111** legt fest, daß die spezielle Stellung des Athos in der Athosverfassung verankert ist, daß diese vom Patriarchat und vom griechischen Parlament gebilligt wurde. Der Staat ist zuständig für die Verwaltung, für die öffentliche Ordnung und Sicherheit, während die geistlichen Fragen dem Patriarchen unterliegen.

Der **Artikel 112** besagt, daß die Staatsgewalt durch einen Gouverneur vertreten wird, dessen Rechte und Pflichten in einem eigenen Gesetz festgelegt sind. Es geht darin auch um die Justizgewalt der Klöster sowie um Zoll- und Steuerprivilegien der Athoshalbinsel.

deren Verpflichtungen des griechischen Staates für den Athos festgeschrieben hat:

»Griechenland ist verpflichtet, die Rechte und Freiheiten zu beachten und aufrechtzuerhalten, derer sich auch die nichtgriechischen Mönchsgemeinschaften erfreuen, gemäß dem Wortlaut des Artikels 62 des Vertrags von Berlin vom 13. Juli 1878.«

Der neue Status des Ajíon Oros Am 10. Mai 1924 (dem 23. Mai nach unserem Kalender) verabschiedete die außerordentliche doppelte Versammlung der Igoúmeni und Proistámeni eine Athosverfassung, die mit Ausnahme geringfügiger Details von der griechischen Regierung am 10. September 1926 bestätigt wurde. Der Inhalt erscheint zusammengefaßt in den Artikeln 109 bis 112 der griechischen Verfassung von 1927.

Zweiter Weltkrieg und Partisanenzeit Nachdem die Bulgaren wieder einmal bis Thrakien vorgerückt waren, befürchteten die Athoniten, daß auch sie unter bulgarische Oberhoheit kämen. Die Gefahr konnte abgewendet werden.

In der Nähe von Prodromos hatte sich eine deutsche Marinebeobachtungsstation festgesetzt. Das halbe Dutzend Marinesoldaten konnte bequem in der rumänischen Skíti wohnen und hinterließ den Mönchen als Dank beim Abzug ihren Stromgenerator. Die Lichtmaschine wurde jedoch später von den Partisanen requiriert. Eine Forschungsexpedition unter Leitung von Professor Dölger dokumentierte byzantinische Urkunden. Einige Feldgendarmen, die Karyes hüteten, haben – aus welchen Gründen auch immer – nichts von den alliierten Versprengten, abgeschossenen Fliegern, flüchtenden Agenten usw. gemerkt, die die Mönche da oder dort versteckt hatten. Die Athoniten praktizierten tätiges Christentum nach allen Seiten.

Im Mai 1944 verließen die letzten Deutschen den Athos, im September drangen linke Partisanen auf die Halbinsel vor und verlangten von den Mönchen eine Änderung ihres Status. In scharfer Form erklärten die Vertreter des serbischen Klosters Chilandaríou, daß an eine einseitige Verfassungsänderung ohne Zustimmung des Patriarchen und der Regierung Griechenlands nicht zu denken sei. Bei einem zweiten Vorstoß plünderten die Partisanen die Klöster aus. Sie sollen etwa 250 Maultierlasten an Beute abtransportiert haben. Der Spuk verschwand, und der griechische Staat konnte wieder die Verantwortung für die Aufrechterhaltung der Rechtsordnung übernehmen.

Die heutige Situation: Die Besucher und die Zilotés

Die Überforderung der Athoniten durch Fremde Ganz zu Beginn meines letzten Athosbesuches klagte mir ein Schweizer Journalist, der sich schon auf der Rückreise befand, daß er hier auf dem Athos als Fremder überall ausgegrenzt würde. In dem einen Kloster dürfe er nicht am Gottesdienst teilnehmen, im anderen nicht gemeinsam mit den Mönchen in der Trápeza essen. Er fühle sich ausgesprochen unwohl und nicht gut aufgenommen. Auch wenn ich noch mehr solche Stimmen hörte, wollte ich das alles nicht so recht glauben, zumal ich bei meinen beiden ersten Reisen überall mit großer Herzlichkeit aufgenommen worden war.

Wenn ich Ihnen nun von meinen jüngsten Erfahrungen berichte, will ich eines nicht: Ich möchte Ihnen nicht verraten, in welchen Klöstern ich sehr freundlich, in welchen ich mit korrekter Distanziertheit empfangen und in welchen die Grenze zur Unhöflichkeit und Ruppigkeit bereits überschritten wurde. Dieses Buch soll über den Athos informieren, aber es hat nicht die Absicht, dazu zu animieren, ihn zu besuchen.

Erfahrungen mit real existierenden Zeloten Mit anderen Neuankömmlingen bin ich am Nachmittag in Karyes aus dem Bus gestiegen. Die Aushändigung der Pässe und des Diamonitirions verzögerte sich etwas. Ein Mönch ließ uns in der Zwischenzeit das Protaton besichtigen. Er forderte die Orthodoxen auf, eine Nebenkapelle zu betreten und die Marienikone *Axion estin,* die bekannteste wundertätige Ikone Griechenlands, zu verehren. Allen anderen wurde mit ziemlich harschen Worten bedeutet, vor der Tür zu bleiben. – Wir bekamen die Ikone nicht zu Gesicht.

In zwei Klöstern wurde mir untersagt, am Gottesdienst teilzunehmen. In einem anderen hat mich ein Mönch mittleren Alters aus dem Naos heraus in die äußere Vorhalle verwiesen. Kurze Zeit später kam der Igóumenos des Klosters, stellte sich ins Chorgestühl neben mich und bedeutete mir, doch wieder nach innen zu gehen. Als ich ihm sagte, daß ich eben herausgeschickt worden wäre, weil ich nicht orthodox sei, winkte er unwirsch ab, dies dürfe doch nun wirklich keine Rolle spielen.

Die griechischen Laien waren alle, ob Gäste oder von den Klöstern verpflichtete Arbeiter, durchweg außerordentlich liebenswürdig und hilfsbereit; sie federten auch so manche Schwierigkeit mit viel Einfühlungsvermögen und Geschick ab. Einmal holte man mich zum gemeinsamen Abendessen in die Trápeza an zwei eigens für die Gäste gedeckte Tische.

Am folgenden Tag kam ein bartloses Mönchlein in den Gästetrakt, fragte mich, ob ich orthodox sei. Als ich verneinte, erklärte er mir, daß ich nicht mit ihnen zusammen hätte essen dürfen. Das sei für Häretiker verboten.

Im nächsten Kloster wieder wurde ich vom Vater Archontaris herzlichst empfangen und, weil es kalt war, in die Küche gebeten. Er legte schnell noch einige Holzscheite in den Herd, machte einen Kaffee und reichte einen Schnaps. In diesem Kloster durfte ich am Gottesdienst teilnehmen, führte manches interessante Gespräch und wurde auch gebeten, länger zu bleiben – obwohl es heute üblich ist, die Gastfreundschaft eines Klosters nur für höchstens 24 Stunden zu beanspruchen.

In einem anderen Kloster, einem recht großen, kam ich nach einem 38-Kilometer-Marsch durch die Berge ziemlich erschöpft am Spätnachmittag an. Ein junger Mönch im Gästetrakt fragte mich, woher ich heute käme, bedeutete mir, ich sollte mich setzen, und wandte sich wieder einem Gesprächspartner zu. Ich dachte, der für die Gäste zuständige Mönch sei noch nicht da, und wartete etwa 1½ Stunden. Ich konnte weder mein Gepäck unterbringen noch mich waschen oder meine durchschwitzte Wäsche wechseln. Endlich wandte sich der junge Mönch mir zu, reichte mir das Gästebuch, bedeutete mir, mich einzutragen, und bemerkte, daß anschließend der kurze Abendgottesdienst stattfände; danach gäbe es in der Trápeza etwas zu essen. Ich kehrte anschließend zum Gästetrakt zurück, aber kein Mensch war da. Ich wußte auch nicht, welche der Räume belegt waren und welche frei. Zufällig kamen zwei Landarbeiter vorbei, fragten, ob sich denn der Archontaris nicht um mich gekümmert hätte. Als ich verneinte, zogen sie mißbilligend die Augenbrauen hoch und zeigten mir ein leeres Zimmer mit drei Liegen.

Ich fragte mich natürlich, warum ich bei meinen ersten Reisen überall ausnahmslos die herzliche Philoxenía erfahren habe, die Gastfreundschaft, deren typologisches Vorbild das Gastmahl Abrahams ist, die Eindrücke diesmal aber recht zwiespältig waren. Nun, 1953 und 1954 habe ich auf dem Athos, jeweils während eines ganzen Monats, vielleicht sieben oder

Farbabbildungen

1 Mosaikikone der Panajía Odijitria (der Allheiligen als Weggeleiterin) in der von Mönchen serbischer und makedonischer Abstammung bewohnten Jéra Moni (= heiliges Kloster) Chilandaríou. Die im 12. Jh. entstandene Ikone folgt im Darstellungstypus einer berühmten Ikone im Kloster Odigon in Konstantinopel. Diese galt als Beschützerin der Stadt

2 Blick über blühendes Buschwerk hinweg auf Jéra Moni Xiropotámou (Foto: Ende April)

3 Die Jéra Moni Símonos Pétras mit ihren sieben Stockwerken, vom Boot aus gesehen

4 Das Katholikón von Jéra Moni Dochiaríou, durch ein Fenster des Gästetrakts hindurch gesehen

5 Mittelteil der russischen »Klosterstadt« Jéra Moni Panteleïmononos (Russikon). Typisch russisch sind die grünen Zwiebelkuppeln

6 Innenhof der bulgarischen Jéra Moni Zográphou. Die Mauern des Katholikón bestehen im Gegensatz zu den weinrot gehaltenen griechischen Klosterkirchen aus wechselnden Lagen von roten Ziegel- und weißen Hausteinen. Vor der Nordmauer der Kirche steht die Phiáli (Weihwasserbrunnen)

7 Blick in den weiträumigen schmucken Innenhof der Jéra Moni Pantokrátoros

8 Die vorspringenden Veranden der Jéra Moni Grigoríou

9 Blick ins Innere des Katholikón der Jéra Moni Chilandaríou. Die oberste Ikonenreihe der Bilderwand enthält die Themen der Hauptfeste des Kirchenjahres (Dodekaórthon). Der von der Hauptkuppel herabhängende Leuchter symbolisiert das himmlische Jerusalem

10 Ikone des Christus Pantokrator (Allherrschers). Gehörte früher zu den Hauptikonen einer Bilderwand (14. Jh., Jéra Moni Chilandaríou)

11 Der Apostel Paulus. Darstellung im sog. kretischen Stil an der Bilderwand in der Kirche eines Kellions in Karyes

12 Christus treibt die Händler aus dem Tempel. Fresko aus dem ersten Jahrzehnt des 14. Jh. in der Südkonche des Katholikón in der Jéra Moni Chilandaríou. Der Schwung der Darstellung, die lebhafte Bewegtheit läßt das Bild einem stilistischen Umkreis zugehörig erscheinen, den die Kunsthistoriker als makedonisch bezeichnen. Beziehungen zu den Mosaiken der Chorakirche in Konstantinopel (1315–21), zu den Fresken der Nikolaos Orphanos-Kirche in Thessaloniki sowie zu Darstellungen in serbischen und makedonischen Kirchen dieser Zeit sind unübersehbar

13 Reich mit Gold- und Silberfäden besticktes Aer, 14. Jh. (Jéra Moni Chilandaríou). Auf dem Tuch, das zur Abdeckung eucharistischer Gaben (Abendmahl) während der Liturgie dient, ist die sogenannte Kirchenväterkommunion in verkürzter Form dargestellt. Der heilige Johannes Chrysostomos (links) und der heilige Wasilios von Caesarea zelebrieren die Kinonia (Abendmahl). Das Thema (oder Abwandlungen davon) wird häufig in der untersten Zone des Apsiszylinders direkt hinter dem Altar abgebildet

14 »Der auf dem Stuhle sitzt und die 24 Ältesten« aus dem Zyklus der Apokalypse Johanni (Kap. 4) in der äußeren Vorhalle des Katholikon der Jéra Moni Xiropotámou (1783)

ΜΗΡ
ΘΥ

7

8

ΠΑΥ ΛΟϹ

12

13

14 ▷

a

b

c

d

e

f

g

h

15

15 Frühlingspflanzen des Ajíon Oros, aufgenommen in der zweiten Aprilhälfte. Derzeit ist die Athoshalbinsel noch ein Paradies für Pflanzen und Blüten

a Balkan-Schwertlilie *Iris reichenbachii Heuffel.* Violette Farbvariante der Athoshalbinsel; Blüte Dezember bis April

b Kleinfrüchtiger Affodill *Asphodelus aestivus Brot;* März bis Juni

c Gelber Affodill *Asphodeline lutea (L.) Reichenb.;* April bis Juni

d Sehr häufig auf der Athoshalbinsel: Judasbaum *Cercis siliquastrum L.;* Mai bis April

e Besonders farbenfrohe Variante der Kronenanemone: *Anemone coronaria L.;* Februar bis April

f Römisches Knabenkraut *Orchis romana (Seb.) Sóo.;* März bis Mai. Die gelbe und die fleischfarbene Variante wachsen häufig zusammen in Gruppen

g Wilde Tulpe *Tulipa sylvestris L.;* April bis Juni

h Pontische Schachblume *Fritillaria pontica Wahlenb.;* März bis April

i Pflugschar-Zungenstendel *Serapis vomeracea (Burm. fil.) Brig.* Orchideenart; März bis Mai

Für seine freundliche Hilfe beim genauen Bestimmen der abgebildeten Blüten habe ich herzlich zu danken Herrn Dr. Thomas Raus, Oberkustos des botanischen Museums und des botanischen Gartens Berlin-Dahlem.

acht Fremde, griechische Gäste und Ausländer, getroffen. Heute läßt es die erwähnte Kontingentierung zu, daß pro Tag zehn Ausländer für drei Nächte auf den Athos kommen. Rechnet man die Gäste hinzu, deren Aufenthaltserlaubnis verlängert wird, ergibt sich pro Kloster ein Aufenthalt von ständig mehr als zwei nichtorthodoxen Ausländern auf dem Athos.

Mir gegenüber bekundete ein Vater in einem Kloster, in dem ich ganz besonders herzlich und liebevoll aufgenommen wurde, daß dies von den Klöstern eigentlich zu verkraften sein müsse. Natürlich sind die Besucher sehr ungleichmäßig verteilt. Einige Klöster werden von griechischen Gläubigen und vor allem von Fremden derart heimgesucht, daß man zumindest verstehen kann, wenn die Mönche meinen, sie hätten nicht der Welt den Rücken gekehrt, um ausgerechnet auf dem Heiligen Berg irgendwelchen Neugierigen als Kellner und Dienstboten zur Verfügung zu stehen. Sicher wäre es vernünftig, das Besucherkontingent von derzeit zehn auf fünf bis sechs herunterzufahren – zumindestens auf begrenzte Zeit (vielleicht für fünf Jahre), damit die überbeanspruchten Klöster eine Atempause erhalten.

Allerdings ist die schleichende »Vertouristisierung« nicht der einzige Grund für die derzeitige Situation auf dem Athos. Seit Mitte der 60er Jahre hat sich dort eine strenge, auf Absonderung bedachte Bewegung herausgebildet – die Bewegung der Zilotés (Zeloten). Das Wort bedeutet wohlwollend übersetzt »Eifrige«, weniger wohlwollend »Eiferer«.

Die Zilotes auf dem Athos, deren Vorgänger die bereits seit 1924 aktiven Gegner des »päpstlichen« gregorianischen Kalenders sind, stellen sich gegen alle ökumenischen Bestrebungen. Die Ökumene ist für sie reine Häresie. Sie nehmen es dem Patriarchen in Konstantinopel übel, daß er sich mit dem Papst getroffen hat, und haben ihn aus dem Fürbittgebet gestrichen. Jede Verständigung, insbesondere mit Katholiken, gilt als Verrat an den Grundsätzen des Christentums und wird daher fanatisch bekämpft. Über einem Kloster weht ein kleiner schwarzer Wimpel mit einem weißen Kreuz zum Zeichen der Trauer über den Zustand der orthodoxen Kirche, die sich in – so wird das gesehen – verwerflicher Art und Weise auf ein ökumenisches Gespräch einläßt. Ein Schild bekundet finstere Entschlossenheit: *Orthodoxie oder Tod!*

An den Gottesdiensten dürfen hier nicht nur keine Nicht-Orthodoxen teilnehmen, sondern nicht einmal Mönche aus Klöstern, in denen für den Patriarchen gebetet wird. Da nur der Patriarch für Glaubensfragen zuständig ist und die Athos-Mönche selbst in dieser Hinsicht eigentlich keinerlei Befugnisse haben, ist eine ziemlich brisante Situation entstanden.

Zur Zeit gehören etwa 400 der fast 2000 Athos-Mönche der Bewegung an. In den einschlägigen Klöstern geht es streng zu. Ich fand die lockere Art der Griechen, Serben, Makedonen, Bulgaren und Russen, sich erst allmählich in ihre Gottesdienste einzustimmen – wie es in manchen Klöstern durchaus noch üblich ist – immer sehr wohltuend und sympathisch: Es geht langsam an, man ist noch nicht ganz bei der Sache, verläßt sich vertrauensvoll darauf, daß der göttliche Geist zur rechten Zeit schon für die rechte Gestimmtheit sorgt – und irgendwann nehmen dann die Gesänge einen Ton von ergriffenem wie ergreifendem geistlichen Enthusiasmus an.

Bei den Zeloten herrscht demgegenüber eine geradezu preußisch-protestantische Zucht, und ihre Klöster sind schrecklich ordentlich und sauber – sie richten sich sozusagen zuchtvoll und stramm nach westlichen Reinheitsgeboten. Vielleicht ist es die Tragik dieser Bewegung, daß sie die Orthodoxie retten zu müssen glaubt und dazu ausgerechnet die Mittel und die geistige Haltung der westlichen Zivilisation anwendet. Unversehens geht so sehr viel von der eigentlichen Substanz der Orthodoxie verloren – nicht zuletzt die Philoxenía.

Das Zelotentum stellt im übrigen eine intellektuelle Bewegung dar. Sie wird von verhältnismäßig jungen Leuten mit guter bis exzellenter Ausbildung getragen. Viele von ihnen traten in ein ganz bestimmtes Kloster ein, das dann Mönche an andere, bis dahin nur von sehr wenigen bewohnte Klöster abgab. Inzwischen sind fünf Klöster und zahlreiche Kellia fest in zelotischer Hand.

Die Unruhe auf dem Berg derer, *die die Ruhe suchen* (Hesychasten), hat nicht nur eine Quelle. So ist ein kleines Kloster, in dem ich – völlig durchnäßt vom Regen – eine Rastpause einlegte und wo man sehr zuvorkommend mit Tee und Zípouro für mein leibliches Wohl sorgte, schon seit Anfang der 70er Jahre in die Schlagzeilen der griechischen Presse geraten. Esphigménou ist zwar nicht die Hochburg der eigentlichen Zilotes, aber dennoch das Zentrum eines Orkans.

Damals – 1974 – wurde der Abt des Klosters vom Patriarchen wegen Nichtachtung der kirchlichen Bräuche getadelt. Eine Gruppe rebellischer junger Mönche verbarrikadierte sich daraufhin im Kloster und drohte damit, sich selbst mit allem drum und dran in die Luft zu sprengen. Die

Leute haben enge Beziehungen zu den 1924 von der orthodoxen Kirche abgefallenen Palaio-Imerolojistés (Alt-Kalendariern, einer Abspaltung von der Orthodoxie, die sich noch nach dem alten julianischen Kalender richtet) und zu Kreisen in den Meteora-Klöstern, die diesen nahestehen. (Bei der Bewegung in diesem Kloster erhebt sich die Frage, ob diese überhaupt noch auf dem Boden der Orthodoxie steht. Schon insofern darf man sie nicht in einen Topf mit der Bewegung der Zeloten werfen.) Das damals – 1974 – befürchtete Schisma auf dem Athos ist glücklicherweise nicht ausgebrochen. Jedoch nehmen die Mönche bis heute noch nicht den ihnen zustehenden Sitz in der Jéra Kinótis ein.

Daß sich aus der Orthodoxie, die immer die Liebe in den Vordergrund stellte und auch immer die Gemeinsamkeit mit anderen Christen (ja sogar, wie ich es mehrfach während meiner ersten Athosreisen erlebte, mit den Vertretern anderer Religionen) betonte, ausgerechnet eine Bewegung absondert, die den Glauben an die erste Stelle stellt und auf Ab- und Ausgrenzung versessen ist, das hat nicht ganz unverständliche Ursachen. Zunächst sind es die Folgen des II. Vatikanischen Konzils (1962 bis 1965), das sich mit der Ökumene und speziell auch mit der Ostkirche beschäftigte. Für katholische Geistliche war die neuerworbene Freiheit im Umgang mit den Orthodoxen ein Anlaß, auf sie in durchaus ehrlicher und gut gemeinter Art und Weise zuzugehen und sie zu umarmen. Doch ein Teil der Umarmten fühlte sich eingeschnürt und fast erdrückt, und ihr Mißtrauen erscheint auch angesichts aktueller fundamentalistischer Tendenzen der Kurie durchaus nicht unberechtigt.

Ein anderer Grund für das Erstarken der zelotischen Bewegung ist der, daß ebenfalls in den späten 70er und frühen 80er Jahren die herrschende Intelligenz in Griechenland ausgesprochen antikirchlich und antitraditionell agitierte. Soziologen und Politologen publizierten ganz offen die Forderung, daß sich Griechenland von den Einflüssen der Orthodoxie lösen und westliche Wertmaßstäbe übernehmen müßte – in völliger Verkennung der Tatsache, daß das, was dann übrig bliebe, nicht mehr als Griechenland zu bezeichnen wäre.

Vom besonderen Verhältnis der »Fundis« zum Teufel Aufgrund der bestehenden Orientierungskrise nimmt der Fundamentalismus allenthalben zu – im Iran, in der Kurie, neuerdings in Deutschland und eben auch auf dem Heiligen Berg. Man mag sich damit trösten, daß seit der

Zeit, da der Berg Athos zum Ajíon Oros geworden ist, er auch immer wieder von heftigen ideologischen und theologischen Erdbeben gerüttelt und geschüttelt worden ist. Bis heute hat er jedoch alle heil überstanden.

Es muß außerdem eingestanden werden, daß seit der Zeit, da die Unruhe einsetzte, die Zahl der Mönche auf dem Athos wieder stark zuzunehmen begann (die Zahl der Athoniten betrug 1971 1145, heute ca. 2000). Mag sein, daß die Unruhe angeregt ist von einem »Teil von jener Kraft, die stets das Böse will und stets das Gute schafft«. Bei allen Versuchen, dies oder jenes zu verstehen, vermag ich fundamentalistischen Strömungen, in welchem Gewande sie sich auch immer zeigen, nichts Gutes abzugewinnen.

Sind Fremde Gäste oder Häretiker? Damit es aber nun keine Mißverständnisse gibt, möchte ich noch eines bemerken: Die fremden Gäste werden in den überpenibel sauberen Gästetrakten der zelotisch beeinflußten Klöster mit korrekter Freundlichkeit empfangen. Es sind, wenn sich jemand wirklich für die Orthodoxie interessiert, auch gute Gespräche möglich, wobei die zunächst an den Tag gelegte Distanziertheit auch ein wenig in den Hintergrund geraten kann.

Ausgesprochen schlecht behandelt wird man in manchen anderen nichtzelotischen Klöstern, und zwar dort, wo Mönche mit wesentlich schlichterer geistiger Ausstattung den Ton angeben. Dennoch möchte ich einen Zusammenhang vermuten. Ich meine, daß die Ideologie aus den Zelotenklöstern, die dort durchaus intellektuell durchdacht wird, in trivialisierter Form zu Leuten herabgerutscht ist, denen das Durchdenken etwas schwerer fällt – und das ist dann vielleicht etwas, was wiederum den Intellektuellen in den Zelotenklöstern zu denken geben müßte.

Und noch etwas wird noch durchdacht werden müssen – nämlich, ob man auf dem Athos in Zukunft die Fremden in erster Linie als Xéni oder als Äresiótes (als Gastfreunde oder als Häretiker) annimmt bzw. auf Distanz hält.

Die Geistigkeit des Athos-Mönchtums

Die Praxis der hesychastischen Mystik

Vater Petros oder die orthodoxe Tradition der umfassenden Liebe zum Kosmos

Er fiel mir gleich auf - nicht wegen des ausgeblichenen Schwarz seiner abgeriebenen mönchischen Kleidung, nicht wegen der Weiße seines vollen, leicht verstrubbelten Bartes. Die Güte war es, die aus seinem Gesicht leuchtete - und der leise Humor, die Lachfältchen um die Augenwinkel. So stand Vater Petros vor einem jener kleinen Läden in Karyes, in denen ein buntes Gemenge aus Dosen mit Suppen und Bohnen, mit Milch, Kaffee und Kerzen, geschnitzten Holzkreuzchen wie auch Rosenkranzschnüren feilgeboten wird. Er sprach mich an und reichte mir einen Zet-

Mönch Petros S...
Kellion J... T... T...
Karyes, Ajíon Oros

Das folgende kurze Gebet ist eine alles überwindende Waffe jedes Christen:

»Herr Jesus Christus, Sohn Gottes, erbarme Dich meiner, des Sünders!«

»Allerheiligste Mutter Gottes, rette uns!«

Sprich Du, mein Bruder, mit Deinen Lippen und Deinem Herzen immerwährend diese rettungsverheißenden Worte, denn sie erleuchten den Sinn, stillen die Unruhe des Herzens, versengen die Sünde, peitschen die Dämonen und treiben sie aus.

38 »Eine Mauer bist Du für die Jungfrauen, Gottesmutter und Jungfrau Du, und für alle, die sich zu Dir flüchten.« Darstellung des 19. Verses des Akathistos-Hymnos in der Vorhalle des Katholikón zu Watopédi

tel, auf dem nebenstehenden Text in griechischer und – leicht vereinfacht – englischer Sprache stand. »Nach J. M. Stawronikita willst du? – Da hast du noch viel Zeit. Ich kann dir auch eine Abkürzung zeigen. Komm erst zu mir, ein bißchen sitzen und ein Kaffeechen trinken!«

Vater P. hauste ganz alleine in einem Kellion, mit leerstehenden, teils als Abstellräume genutzten Zellen, einer Küche mit einem Dreifuß über einer rußgeschwärzten offenen Feuerstelle. In der Kapelle des Anwesens verrichtete er alleine, Nacht für Nacht, seine Gottesdienste. Beim griechischen Kaffee zeigte er mir sein Gästebuch mit vielen griechischen, französischen, deutschen, amerikanischen, ja auch einigen brasilianischen und japanischen Namen. Mit eigener Hand trug er jeden ein, der bei ihm zu Besuch war und ihm dann einen Brief schickte. In dieser sinnfällig symbolischen Weise drückte sich seine wahrhaft grenzenlose Liebe zur Welt, der er so sehnlich die Rettung wünschte, aus. Diese weitherzige, pankosmische Gestimmtheit hat mich doch sehr an das »Pilgerleben« (vgl. S. 130) erinnert.

Mit der Verteilung des Gebetszettels versuchte er darüber hinaus zwei ganz entscheidende heilsverheißende Traditionen des Heiligen Berges in die gesamte Welt hineinstrahlen zu lassen – die liturgische Tradition und die hesychastisch-mystische. Die Anrufung der Gottesmutter ist ein Bestandteil der Gottesdienste, insbesondere des Akathistos-Hymnos, des größten und großartigsten Marienhymnus, zu dem der Ajíon Oros, als Garten der Gottesmutter, eine besondere Beziehung hat: *»Allerheiligste Gottesmutter, rette uns!«* ist die zusammenfassende Kurzformel aller Bitte um Fürbitte (Deisis) an die Allheilige.

Der erste Teil des an Christus gerichteten Gebetes ist der Inhalt des *immerwährenden* oder *unablässigen Gebetes,* das nichts Geringeres darstellt als das zentrale Ziel der mystisch-hesychastischen Praxis.

Praxis und Theorie des Hesychasmus – menschliche Übung und Gottesschau in der östlichen Mystik Wer sich mit der hesychastischen Mystik mit dem Ziel auseinandersetzt, sich darin Anregungen für eigene esoterische Erfahrungen zu holen, muß mit einer radikalen Enttäuschung rechnen: Es geht dabei nicht um den Genuß mystischer Verzückungen mit Hilfe einiger kontemplativer Übungen, die man sich verhältnismäßig schnell aneignen kann. Hesychastische Praxis bedeutet Umgestaltung des gesamten Lebens. Sie hat keineswegs die Aufgabe, Hilfen für die Bewältigung des Lebens zu liefern. Sie verlangt vielmehr, daß man sich selbst das Leben erschwert, und zwar in einem Ausmaß, daß man es gerade noch ertragen kann. Der Hesychast, »der, der die absolute Ruhe« sucht, muß verzichten lernen – auf Nahrung, auf Schlaf, auf Leben in einer Partnerschaft, ja sogar auf eigene Gedanken und Phantasien. Er verzichtet letztlich auf sich selbst, auf die Bestimmung über sein eigenes Ich.

Kein Christ, der wahrhaft an Gott glaubt, kann ohne Kummer sein, sondern stets muß er Prüfungen erwarten und bereit sein, sie zu erdulden, so daß er dann, wenn sie kommen, nicht außer sich gerät und nicht verwirrt werde, sondern dankbar die Beschwerde der Bedrängnis ertrage … (Philokalía)

Aber auch die größte Mühe und die intensivsten Übungen (Askese) garantieren keinen Erfolg. Der wird einem durch Gnade geschenkt – oder eben auch nicht. Der Mensch kann zwar mit asketischer Praxis erreichen, immerfort und ohne Unterlaß das Jesusgebet zu beten, indem zunächst sein Atem, später sein Herzschlag zum Gebet wird. Das heißt, er vermag zur absoluten Isychía (Hesychia = Ruhe) zu kommen. Aber das eigentliche Ziel, nämlich die Schau (= Theoría) des göttlichen Lichtes, kann nicht erkauft werden, auch nicht durch die strengste Askese. Gott schenkt sie, wenn er es so will.

Stufen asketischer Praxis Die Praxis, auf die sich viele von den Athos-Mönchen vor 1000 Jahren und im 14. Jh. einließen – und auf die sie sich auch heute noch einlassen –, beruht auf (in groben Zügen geschildert) folgenden Voraussetzungen:

– Es gilt, so rein zu werden, wie man durch Gottes Gnade bei der Taufe wurde – ein neuer Mensch. Die eigenen bösen Taten haben diese Reinheit verdunkelt. Sie ist nur dadurch wiederherzustellen, daß man radikal nach Gottes Geboten lebt.

– Grundvoraussetzung und Anfang des Weges zur *Ruhe im Herrn* (Hesychia) ist die gläubige Anrufung Jesu Christi.

– Der angehende Hesychast muß sich einen geistigen Vater und Lehrer erwählen, dem er bedingungslos, unter Hintansetzung jeden eigenen Wollens, gehorcht:

Denn, wie es heißt, ist es ein Schaden für den Unterwürfigen, wenn er den eigenen Willen tut. Er muß ihn beschneiden und das ... nicht nur unter dem Zwang des geistigen Vaters ... (Philokalía)

– Vom Hesychasten wird vollkommene Hingabe im Glauben verlangt, die Friedfertigkeit, die Fähigkeit, sich nicht von irgendwelchen Sinneseindrücken ablenken zu lassen (kein »Ausgegossensein«), Schweigsamkeit, immerwährendes Bewahren der Ruhe, Danksagung an Gott für alles, was er auch schickt, Anerkennung der eigenen Schwäche, Ertragen von Versuchungen und Leiden (Prüfungen), absolutes Vertrauen in Gott.

– Ganz entscheidend ist eine abgrundtiefe Furcht vor Gott.

– Es muß unbedingt die Bereitschaft gegeben sein, das eigene Leben für Gott und seine Gebote einzusetzen.

– Regelmäßiger Rückzug zum Gebet in eine ruhige, dunkle Zelle, in der die Sinne nicht abgelenkt werden können.

– Atemtechnik. Ein- und Ausatmung wird mit einem Gebet rhythmisch gleichgeschaltet.

»Es sagt aber der große Chrysóstomos: Einer, der für sich allein lebt, muß beim Essen und Trinken, beim Stillsitzen und beim Dienen, beim Gehen und bei jeder anderen Beschäftigung unaufhörlich rufen: Herr Jesus Christus, Sohn Gottes, erbarme Dich meiner! ... Damit der Name unseres Herrn Jesus

Christus in die Tiefe unseres Herzens hinabsteige und dort den Drachen, der die Weide verwüstet, bezwinge, die Seele aber rette und belebe, darum hänge unablässig den Namen des Herrn Jesu an, auf daß dein Herz den Herrn auftrinke und der Herr dein Herz und damit so aus den zweien eines werde!« (Philokalía)

– Asketisches Bemühen darum, im immerwährenden Gebet durchzuhalten:

»Wir müssen uns mehr an Gott erinnern als atmen ... Ein Gebet, bei dem der Leib nicht geplagt und das Herz nicht in sich selbst zerknirscht wird, ist nur eine tote Ausgeburt, denn ein solches Gebet ist ohne Seele.« (Philokalía)

– Genau geregeltes Leben mit viel Gebet und wenig Schlaf. Tages- und vor allem Nachtrhythmus mit viel Gebet, der genau einzuhalten ist.

– Meidung von Pausen und Erholungszeiten (Nichtstun).

– Äußerste Zurückhaltung im Essen und Trinken. An Montag, Mittwoch und Freitag nur eine Mahlzeit (ca. 150 g Brot, ausreichend trockene Speise), drei oder vier Becher Wasser, an den anderen zweimal täglich eine Mahlzeit (ohne Fleisch und ebenfalls mengenbegrenzt).

– Einschätzung seiner selbst als des größten aller Sünder gegen Gott. Über die eigene Schuld sind im Gebet bittere Tränen zu vergießen. Wer der Gnade des Weinens noch nicht teilhaftig geworden ist, soll inständig darum beten.

– Das Bemühen um das reine Gebet. Das Gebet ist dann in den Herzschlag übergegangen und findet ständig, bei jeder Tätigkeit, selbst im Schlafe, statt.

Dies reine Gebet übersteigt schon die Askese, es ist bereits eine Gnadengabe des Heiligen Geistes. Es vollzieht sich letztlich in einem – ohne eigene Mühe und ohne eigenes Zutun.

Die Vorstellung über das Verhältnis von Atem, Geist und Gebet Eine interessante Stelle im Handbuch für hesychastische Mystik, der sogenannten Tugendliebe (griech. Philokalía, russ. Dobrotolubje) lautet:

»Du aber sitze in der stillen Zelle und sammle deinen Geist, führe ihn ... hinein auf dem Weg über die Nase, wo der Atem zum Herzen eingeht, und treibe ihn an, zwinge ihn, mit der eingeatmeten Luft ins Herz hinabzusteigen. Wenn er dorthin eingegangen ist, wird das, was dann folgt, nicht ohne Lust und Freude für dich sein. Denn wie ein Mann, der abwesend war von seinem Heim und sich nun nicht lassen kann vor Freude, weil ihm geschenkt wurde,

seine Frau und seine Kinder wieder anzutreffen, so wird auch der Geist, sobald er mit der Psyche vereint, von unaussprechlicher Freude und Wohllust erfüllt werden. Also Bruder, gewöhne den Geist daran, sich nicht so schnell wieder von dir zu entfernen. Denn im Anfang ist er sehr gelangweilt, wegen der Abgeschlossenheit und Enge dorten. Wenn er sich aber eingewöhnt hat, verlangt er nicht mehr nach dem Herumschweifen draußen.« (Luk. 17,21) »Das Reich Gottes ist in Euch.« »Wenn einer danach schaut und es mit reinem Gebet sucht, kommt ihm alles, was draußen ist, abscheulich und hassenswert vor.«

Zunächst ist da noch die im Altgriechischen, Hebräischen und im Sanskrit übliche Verbindung zwischen Atem und Geist, für die jeweils das gleiche Wort verwendet wird (griech. *Pnewma,* hebr. *ruach,* skrt. *atman*). Der Geist kann also über den Weg des Atems zum Herzen, dem Sitz der Seele (Psyche), gelangen. Nun soll er aber nicht mit dem Ausatmen wieder hinausströmen, sondern im Inneren bleiben. Warum?

Der Geist gilt als das Mittel der Wahrnehmung für den Menschen. Ist der Geist nun »ausgegossen« auf das, was außerhalb des Menschen ist, auf die Wirklichkeit, die ihn umgibt, so nimmt er diese äußere Scheinwirklichkeit in sich auf und meldet sie zur Psyche weiter, die sich damit beschäftigt und voll ausgefüllt wird. Die Möglichkeit, die eigentliche göttliche Wirklichkeit wahrnehmend zu empfangen, ist vom äußeren Schein überdeckt. Wird der Geist aber ins Innere des Menschen hineingezogen, dann bleibt er leer, weil er nur das Dunkel im eigenen Inneren vorfindet, das dem Dunkel, in dem der Meditierende sitzt, entspricht.

Es geht dabei sowohl darum, alle sinnlichen Wahrnehmungen, die dem Geist über die Sinne zugeführt werden, als auch alle sinnlichen Vorstellungen (bildhafte oder gedankliche Phantasien) und dazu auch alle eigene Gedankenarbeit einzustellen. Nur wenn der Geist sozusagen nichts Äußerliches mehr vorfindet, das er aufsaugen kann, ist er frei, um gegebenenfalls die eigentlich wirkliche Wirklichkeit zu erfahren und der Psyche zu vermitteln.

In der Kirche des Ostens ist Gotteskunde zugleich Menschenkunde, Theologie zugleich Anthropologie. Die Existenz des Menschen ist dadurch besonders ausgezeichnet, daß dieser zugleich teilhat an der sichtbaren körperlichen und der unsichtbaren geistigen Welt. Aus diesem Grund ist dem Orthodoxen der protestantische Vorwurf gegenüber Bildern und Riten als Äußerlichkeiten genauso fremd wie die Geringschätzung des Leibes durch die, die sich mit Esoterik beschäftigen. Die ostkirchliche Mystik ist nicht esoterisch, wenigstens nicht ausschließlich – sie ist zugleich eso- und exoterisch, denn was sich geistlich tut, spiegelt sich in der Leiblichkeit, und die geistige Hinwendung zu Gott wird leiblich vorbereitet. Die exoterische Praxis schafft die Voraussetzungen für die esoterische Schau.

Die Theoría in der hesychastischen Mystik

Die Schau des unerschaffenen Lichtes vom Berge Tabor Die besondere Gnade für den Mystiker besteht darin, schon jetzt im Diesseits das göttliche *unerschaffene Licht* zu sehen, das die drei Apostel auf dem Berg Tabor sahen, als Christus in ihm erstrahlte (Verklärung, Metamorphosis, Transfiguratio).

»*Wir aber reden jetzt von dem vollendeten, wesenhaften Aufleuchten, in welchem die Auserwählten unter den Aposteln, nämlich die, die mit Jesus auf den Berg Tabor gestiegen, in unaussprechlicher Weise die schöne und wahrhaft selige Verwandlung erlitten haben und für würdig erachtet wurden, mit ihren sinnlichen, zu etwas Göttlicherem umgewandelten Augen – sie waren ja doch unter der Rechten des Heiligen Geistes geistig geworden – die unschaubare Herrlichkeit der Gottheit zu schauen; denn soweit, wie der Morgen vom Abend entfernt und der Himmel die Erde und die Seele den Leib überragt, soweit ist das, was man empfangend entgegennimmt, dem überlegen, um das man sich selbst bemühen muß ... Eine unerschaffene Vergöttlichung nenne ich ein Aufleuchten in der Gottheit ... das nicht erst entsteht, sondern das in den ihrer Würdigen auf unaussprechliche Weise erscheint.*« *(Philokalía)*

Hier wird das Taborereignis genau so gesehen, wie die mystische Erfahrung des göttlichen Lichtes: Die Apostel sehen das Christus umstrahlende Licht nur deswegen, weil der Heilige Geist ihre Augen in etwas Göttliches verwandelt. Metamórphosis (Verklärung) bezieht sich in diesem Sinn weniger auf Christus, als vielmehr auf die Augen der Jünger, der Vorbilder für die Mystiker. Die Schau des Lichtes findet außerdem nicht in der durch die Grellheit ihrer Erscheinungen vom Eigentlichen ablenkenden Außenwelt, sondern im menschlichen Inneren statt. Die mystischen Schriften ermahnen ausdrücklich dazu, derartige Erscheinungen kritisch zu untersuchen – ob wirklich als Gnadengabe ein göttliches weißes Licht erschienen ist oder eine dämonische Versuchung mit feuerrotem rauchendem Licht vorlag. Auch vor Selbsttäuschung durch eingebildete Phantastereien wird ausdrücklich gewarnt.

Eine wichtige Rolle spielte die Auseinandersetzung darüber, was da eigentlich geschaut wurde. Im 14. Jh. hatten lateinische Mönche (Barlaam von Kalabrien) die Hesychasten angegriffen und sie als Nabelbeschauer (Omphaloskópoi) beschimpft. Der Athos-Mönch und spätere Bischof von Thessaloniki, Grigórios Palamás, hat sich in zahlreichen Streitschriften mit dem Problem auseinandergesetzt. Für ihn offenbart das Taborlicht Gottes in der Welt wirkende Erscheinungsformen.

Vereinigung (Enosis) mit Gott Die Schau des unerschaffenen Lichtes bedeutet gleichzeitig eine Art von Vereinigung der menschlichen Seele mit Gott.

»Umgibst das Herz mit Lichtesschimmer. Wandelst mich gänzlich um. Du verbindest Dich mit Menschen, machst zu Göttern sie; entflammest sie mit Deiner Liebe ... Vereinst als Gott auf wunderbare Weise das von Dir Getrennte.« (Symeon der neue Theologe, 7. Hymne)

Die mystische Vereinigung ist eine Vorwegnahme der Vereinigung mit Gott nach dem Tod in Form der Vergottung des Menschen. Die Menschwerdung Gottes – so die orthodoxe Auffassung – wird dereinst die Gottwerdung des Menschen bewirken. Dabei wird ein Paradoxon aufrechterhalten. Der Mensch ist zugleich eins mit Gott und doch gleichzeitig von ihm getrennt. Die Individualität wird nicht aufgehoben, ganz im Gegensatz zu den Vorstellungen in mystischen Strömungen des Islam, bei denen es sich um ein völliges Aufgehen des Menschen in Allah handelt. Die Erhaltung der Individualität geht schon daraus hervor, daß der Zentralbegriff der orthodoxen Mystik eben die Theoría, die Schau, ist. Schauen setzt immer voraus, daß zwei voneinander getrennte Dinge vorhanden sind – das Schauende und das Geschaute. Da aber bei Gott kein Ding unmöglich ist, können diese beiden einerseits getrennt und andererseits dennoch vereint sein.

Mystisches Erleben bedeutet aber nun keineswegs, daß mit einer Schau ein Ziel erreicht sei und der Mensch, der der Schau gewürdigt wurde, damit auch vollkommen wäre. Askese und Theoría sind in einen lebenslänglichen Prozeß eingebettet. Die verzückten Schauungen, die ins innere Auge dringen, wechseln ab mit Strömen von Tränen, die dem äußeren Auge entquellen:

»Die ganze Welt und alle Menschen dieser Welt verlasse, und nimm allein die sel'ge Trauer mit und beweine nur die Sünden, die du begangen. Die nämlich haben dir Christus geraubt, den Bildner aller Dinge ... Aus tiefster Brust entpresse unaufhörlich Klage, dein Antlitz wasche nur mit Tränen ab, und deine Füße, die zur Sünde rannten, sollst keinesfalls du jemals mit Wasser reinzuwaschen wagen.« (Symeon der neue Theologe, 5. Hymne)

Man fragt sich natürlich schon, was ein Mensch, der seine Zeit mit Askese verbringt (wie Symeon, der darüber hinaus unzählige Male der Schau des *dreimal heiligen Lichtes* gewürdigt worden ist), schon gesündigt haben sollte. Aber selbst er kann sich nicht einer gewissen Befriedigung über das Schicksal der Sünder im Dunkeln, von dem sich das Licht, in dem die Erlösten leben, um so strahlender abhebt, entziehen:

»... und innerhalb des Lichtes sind die Sünder, Dunkel hindert sie, daß sie nicht schauen können, nicht die geringste Wahrnehmung und Erkenntnis von ihm haben. Nein, brennen werden sie, verdammt von ihrem eigenen Gewissen, wird namenlose Trübsal, unsagbares Leid sie niederbeugen in alle Ewigkeit.« (Ende der 2. Hymne)

Das klingt fast so wie manche sehr harte Suren des Koran (102, 104, 111). Zwar besang Symeon die Grenzenlosigkeit des Alls, die er in der Verzückung von göttlichem Licht widerstrahlend in sich fassen kann, vermochte jedoch die Möglichkeit der Grenzenlosigkeit der Liebe Gottes damals noch nicht zu sehen. Die Schau göttlichen Lichtes kann sich eben nicht der Vollkommene verdienen, sondern mit ihr wird der unvollkommene Mensch beschenkt.

Im übrigen wird nicht in allen, aber doch vielen Schriften ausdrücklich betont, daß die hesychastische Praxis zwar der Königsweg zu Gott sei, aber durchaus nicht der einzige Weg.

Entwicklungsstadien des Hesychasmus

Das göttliche Licht im Neuen Testament Die Schau des göttlichen Lichtes wird bereits im Neuen Testament beschrieben:

»Ihr Lieben, jetzt sind wir Kinder Gottes, doch noch ist nicht sichtbar erschienen, was wir sein werden. Wir wissen aber, wenn das ersichtlich sein wird, daß wir ihm (Gott) gleich sein werden, weil wir ihn schauen werden, wie er ist.« (1. Joh. 3,2)

»Wir sehen jetzt über ein Spiegelglas in ein Rätsel, dann aber von Gesicht zu Gesicht.« (1. Kor. 13,12)

In beiden Fällen ist allerdings nicht von einer mystischen Schau im Diesseits, sondern von einer eschatologischen, einer im Jenseits zu erwartenden Schau die Rede. Doch kannte auch das Neue Testament die auf die Einzelperson beschränkte Erscheinung des Göttlichen – die Vision des Stephanos nach seiner erleuchteten Rede vor seinem Tode (Apg. 7,56) und das Damaskuserlebnis *(und plötzlich umstrahlte ihn Licht vom Himmel)* des Saulus/Paulus (Apg. 9,3). Über Visionen und Offenbarungen, die ihm widerfuhren, äußert sich Paulus (2. Kor. 12.): *»Er wurde bis in den dritten Himmel emporgerissen.«* Er läßt es aber dahingestellt, ob dies eine Erfahrung *im Körper oder außerhalb des Körpers* war. Im Neuen Testament – vor allem bei Johannes – wird auch bereits mehrfach Christus-Gott mit dem Licht gleichgesetzt: *»Ich bin das Licht der Welt, wer mir nachfolgt, wird nicht im Dunkeln wandeln, sondern das Leben haben.« (Joh. 8,12)* Dieses Christuswort finden wir dann in der byzantinischen Kunst wieder als Schrift im aufgeschlagenen Buch, das der Christus Pantokrator in seiner Linken hält.

Vom Sinai zum Ajíon Oros, vom Athos in die Weiten Rußlands Ganz am Anfang der Entwicklung steht der Kirchenvater Johannes Chrysóstomos. Gemeinsam mit den anderen Kirchenvätern aus Kleinasien, Basilius von Caesarea und Gregor von Nyssa, hat er die Aussagen des Neuen Testaments, daß einerseits die Seligen Gott schauen werden, andererseits aber Gott selbst unsichtbar und unerkennbar ist, dahingehend erläutert, daß Gott eben in seinem Wesen *(Ousía)* unsichtbar sei, seine Wirksamkeiten *(enerjíes)* aber geschaut werden könnten.

Bei Johannes, dem »Goldmund« (Chrysóstomos), findet sich auch schon die Verbindung zwischen dem gebeteten Namen Jesus Christus und dem menschlichen Herzen.

Es erscheint mir aber besonders interessant, daß es die kleinasiatischen Kirchenväter sind, die einerseits am Anfang derr Entwicklungslinie stehen, die zum Hesychasmus führt, andererseits aber auch am Anfang derjenigen, die zur Liturgie führt. Die nach Chrysóstomos benannte Liturgie wird nahezu allsonntäglich, die des Basilios an zehn Festtagen im Jahr auf dem Heiligen Berg und darüber hinaus in allen orthodoxen Kirchen gefeiert (vgl. S. 130ff.).

39 Gottesschau durch die Seligen. Exonartix von Jéra Moni Xiropotámou (1783)

40 Kirchenväter unter den Seligen. Die Kirchenväter und andere priesterliche Heilige ▷
sind an ihrem Polystáwrion, dem mit einem großteiligen Kreuzmuster überdeckten Obergewand (Phenolion) zu erkennen

In der Beschreibung des mönchischen Lebens, der *Himmelsleiter* des Johannes Klimakos, spiegelt sich schon eine weitgehend entwickelte Form des hesychastischen Lebens. Das geistige Gebet, nicht an äußerlichen Formen erkennbar, soll möglichst über den ganzen Tag hinweg ausgedehnt und auch während des Schlafes weiter vollzogen werden. Ziel des mönchischen Lebens, des kinowitischen wie des eremitischen, ist die Ruhe (Hesychia), die erst mystische Erlebnisse ermöglicht. Über die allerdings äußert sich der Autor nur mit zurückhaltender Scheu. Ihm geht es vor allem um den noch Unerfahrenen, der beim Aufsteigen zu Gott den verschiedensten Versuchungen – ablenkenden Gedanken, Blockaden beim Gebet, Phantasien aller Art, aber auch Regungen des Hochmutes – ausgesetzt ist. Hinter den Versuchungen stecken die Dämonen, die heftig zu

bekämpfen sind – und die man sich im übrigen gar nicht handfest genug vorstellen kann. Für Johannes Klimakos war die Tradition der mystischen Schau maßgebend, für die Mose als Vorbild dient. Mose hatte auf dem Sinai die Rückseite der Glorie Jahwehs sehen dürfen (2. Mose 33, 20–23). Der Hesychasmos nach Johannes Klimakos enthält aber auch eine soziale Komponente. Insbesondere die fortgeschrittenen Eremiten kämpfen zusammen mit den Engeln – sie selbst werden schon in dieser Welt zu einer Art Engel –, nicht nur, um die Dämonen von sich abzuwehren, sondern um die Welt von ihnen zu befreien. Die von Engeln und Dämonen umflatterte Himmelsleiter ist in den meisten Athosklöstern dargestellt – und zwar in der Trápeza.

Die Eremiten des Athos im 8. und 9. Jh. haben die *Himmelsleiter* als die wichtigste Anleitung für das geistliche Leben benutzt. Eine Gegenbewegung setzte mit Athanasios, dem Athoniten, ein, der 963 Lawra zu einem Kloster ausbaute. Er bewertete ausdrücklich das kinowitische Leben höher als das eremitische. Zur gleichen Zeit schrieb Symeon der neue Theologe, der größte byzantinische Mystiker, in Klöstern der Hauptstadt seine Lichthymnen.

Die Theologie des größten Theoretikers des Hesychasmus, Grigórios Palamás (1. Hälfte des 14. Jhs.) stützt sich einerseits auf Symeon und andererseits auf den Hesychasten Grigórios Sinaítis. Hier liegt also eine weitere Verbindung zum Sinai vor. Etwa vom Jahre 1300 an war der Athos der Mittel- und Quellpunkt der hesychastischen Mystik – nicht nur in der Praxis, sondern auch in der theologischen Theorie. Vom 15. Jh. an haben dann Russen, die mit dem Athos in Berührung gekommen waren, die hesychastische Mystik in Rußland verbreitet. Im 18. und 19. Jh. erlebte sie dort ihre Blütezeit.

Chronologie der griechisch- und russisch-orthodoxen Mystik-Literatur

Johannes Chrysóstomos *354–407, Kirchenvater aus Antiochien. Große rednerische und literarische Begabung. Wirkte zunächst als Prediger in seiner Vaterstadt, dann als Patriarch von Konstantinopel. Wegen Auseinandersetzungen mit Hofkreisen wurde er in die Ver-*

bannung geschickt. Seinen Namen trägt die wichtigste Liturgie der östlichen Kirche. Er lehrt, daß nicht das dem Menschen verborgene Wesen Gottes geschaut wird, sondern sein Herabstieg in der Form einer jeweils an das Fassungsvermögen des Schauenden angepaßten Offenbarung. Die wichtigste Schau eines herablassenden Herabstiegs ist die des menschgewordenen Gottes.

Dionysios Areopagita *5. Jh. Der Name ist ein Pseudonym. Die Lebengeschichte des Verfassers der* himmlischen Hierarchie und der kirchlichen Hierarchie *liegt im dunkeln. Höher als jede Gotteserkenntnis (Gnosis) steht für Dionysios die Vereinigung mit Gott (Enosis). Die Vereinigung findet in Unkenntnis des Wesens Gottes auf ekstatische Weise statt. Er unterscheidet zwischen dem prinzipiell unerkennbaren Wesen Gottes und seinen Kräften, die lichtartig von ihm austrahlen und in hierarchischer Abstufung die Geschöpfe der Welt formen.*

Johannes Klimakos *526–616. Lebte zunächst als Einsiedler am Fuße des Sinai, wurde dann von den Mönchen des Katharinen-Klosters auf dem Sinai ins Kloster gerufen. Schuf die berühmte Anleitung zum asketischen Leben »Leiter des Paradieses« (Klimax tou Paradísou). Johannes Klimakos hat das immerwährende Gebet eingeführt; er ist der Begründer des Hesychasmus in weiterem Sinne.*

Maximus Confessor (der Bekenner) *Ca. 580–662. Erster kaiserlicher Sekretär unter Heraklius, dann Mönch. Wegen seines Eintretens für die Orthodoxie verstümmelt. Verfasser der wichtigsten asketisch-mystischen Schriften des 7. Jhs. Ihm zufolge geht die Schau Gottes über alle Sinne und den Verstand hinaus.*

Symeon der neue Theologe *949–1022. Stammte aus Kleinasien, Mönch im Studion-Kloster in Konstantinopel, später Mönch und Abt im Mamas-Kloster. Ist einer der größten Mystiker der Orthodoxie. In seinen 40 poetischen Lichthymnen beschreibt er seine Erfahrungen und macht sie seinen Schülern zugänglich.*

Grigórios Sinaítis *Zweite Hälfte des 13. Jhs. bis 1346. Stammte aus Kleinasien, wurde Mönch in Zypern, übte strenge Askese auf dem Sinai. Kam um 1300 auf den Athos und setzte sich für die Wiederbelebung des immerwährenden Gebetes ein. Wurde während des Hesychastenstreites vertrieben und starb in Bulgarien. Schrieb mehrere Abhandlungen über das immerwährende Gebet und die Gottesschau. Gilt zusammen mit Palamás als Begründer des Hesychasmus im engeren Sinne auf dem Athos.*

Grigórios Palamás (Grigórios von Thessaloniki) *1296–1359, Schüler von Grigórios Sinaítis. Vom kaiserlichen Hof in Konstantinopel zog er sich auf den Athos zurück. Dort befaßte er sich mit dem Hesychasmus und wurde sein eifrigster Verfechter. In Kampfschriften setzte er sich mit dem Lateiner Barlaam auseinander, der 1339 die mystische Lichtschau als atmosphärische Erscheinung interpretierte, die Hesychasten der Häresie verdächtigte und sie als Nabelgucker verspottete. Im Hesychastenstreit haben sich die gegnerischen Parteien gegenseitig zum Ketzer erklärt und aus der Kirche ausgestoßen. Auf der Synode von Konstantinopel im Jahre 1351 wurde die Theologie des Grigórios Palamás, der 1347 Erzbischof von Thessaloniki geworden war, als orthodox anerkannt. Da das in Gegensatz zu Rom geschah, wurden die palamitischen Schriften im Westen kaum publiziert. Nach der Lehre des Grigórios schaut der Mystiker das unerschaffene Licht der Energie Gottes, das auch die Apostel auf dem Berg Tabor (Metamórphosis) sahen. Grigórios Palamás hat eine für die Athostradition wichtige Vita von Petros dem Athoniten geschrieben, knüpft damit also bewußt an die eremitische Tradition des Ajíon Oros an, die älter ist als die durch Athanasios durchgesetzte kinowitische.*

Nil Sorskij *1433–1508. Lebte in Höhlen und Zellen auf dem Athos und führte das immerwährende Gebet in Rußland ein.*

Philokalía (Dobrotoljubije/Tugendliebe) *Sammlung griechischer asketisch-mystischer Schriften aus dem 4. bis 14. Jh., heraus-*

gegeben von dem ebenfalls zeitweise auf dem Athos lebenden Nikodemos von Naxos (1748–1819). Die Sammlung aus 38 Stücken erschien 1782 in Venedig.

Paissij Welitschkowskij *1722–1794. Ukrainischer Starez, lebte in einem zum russischen Kloster Panteleïmonos gehörigen Kellion auf dem Athos. Übersetzte als Abt eines Klosters in der Walachei 24 Stücke der Philokalía ins Kirchenslawische und gab sie 1793 (elf Jahre nach Erscheinen des Originals) unter dem Titel Dobrotoljubije in Petersburg heraus. Eine danach angefertigte russische Übersetzung fand in Rußland eine erstaunlich große Verbreitung.*

41 Eucharistische Vereinigung mit Gott (Enosis). In der Apsiswölbung der Jéra Moni Xenophóntos ist das letzte Abendmahl dargestellt

Erzählungen eines russischen Pilgers *»Aufrichtige Erzählung eines russischen Pilgers, seinem geistigen Vater mitgeteilt.« Eine Handschrift vom Abt Paisij aus Kassán, bei einem russischen Mönch auf dem Athos abgeschrieben. Wurde zunächst in Abschriften verbreitet und dann 1884 in Kassan im Druck herausgegeben. Es handelt sich vermutlich um mündliche Erzählungen eines einfachen Pilgers, die sein geistiger Vater aufzeichnete. Der Pilger bezog seine Anregungen aus der Dobrotoljubije. Das Werk, in dessen Mittelpunkt das immerwährende Gebet steht, zeigt, wie der mönchische Hesychasmus des Athos von den einfachen Leuten in Rußland aufgenommen und ihren Möglichkeiten angepaßt wurde.*

Das kosmische Drama der Erlösung im liturgischen Ritus und in der mystischen Erfahrung

Spannung zwischen Kult und Schau Die Gottzugewandtheit, die sich vor allem an den Kult, an das gottesdienstliche Leben hält, sieht Gott vorzugsweise heilvoll im liturgischen Ritus, vor allem in dessen eucharistischem Höhepunkt wirken. Grundsätzlich geschieht dieses Wirken ohne menschliches Zutun – gleichgültig, ob die Teilnehmer mit dem Herzen bei der Sache sind oder nicht. Im Hinblick auf den griechisch-orthodoxen Kult ist mein letzter Satz vielleicht etwas sehr pointiert formuliert, denn hier wird immer wieder gefordert, daß der Gläubige, vor allem aber der amtierende Priester, sich dem Altar als dem überhimmlischen Thron Gottes nur mit Zittern und Zagen nähert.

Die meditative Mystik erlebt demgegenüber die Gnade des Wirkens Gottes – zumindest vorzugsweise – im eigenen Inneren. So ergibt sich zwischen ritueller Frömmigkeit und mystischer Schau eine gewisse Spannung, die die Gemeinschaft der Gläubigen, auch die Mönchsgemeinschaft auf dem Athos, aushalten muß. Es ist die gleiche Spannung, die sich im Alten Testament in der Gesetzlichkeit (Thora) einerseits und der ekstatischen prophetischen Verkündigung andererseits zeigt, ebenso wie in den rituellen und ekstatischen Strömungen vieler anderer sowohl christlicher wie muslimischer, hinduistischer und sonstiger Religionsgemeinschaften.

Kultisches Leben bedarf der Gemeinschaft, ist, was das Mönchtum anbelangt, auf eine kinowitische Lebensform angewiesen. In kinowitischen Klöstern ist die Teilnahme an allen Gottesdiensten rund um die Uhr, die mindestens acht Stunden, vielfach aber auch mehr als zwölf von den 24 Stunden des Tages in Anspruch nimmt, Pflicht. Die mystische Versenkung, tief drinnen im eigenen, dunklen, geräuschabgeschirmten Kämmerlein, gedeiht besonders in den Kellien und Einsiedeleien. Es ist nun fast ein übermenschliches Unterfangen, einerseits ein vollständiges Athosritusprogramm zu absolvieren und sich zusätzlich noch intensiver Meditation hinzugeben. Tatsächlich werden in den mystischen Schriften auch Anweisungen für Gebete, Psalmgesänge und Versenkungen im Laufe des Tages und der Nacht gegeben, die ein gottesdienstliches Gemeinschaftsleben ersetzen. So ist das Aufkommen der idiorrhythmischen Klosterverfassung, in der den Mönchen die Teilnahme am Gottesdienst freigestellt ist, ausgerechnet im 14. Jh., der Blütezeit des Hesychasmus, sicherlich kein Zufall. Der Orthodoxie ist es immer wieder recht gut gelungen, die liturgische und die mystische Hauptlinie miteinander zu vereinen – und zwar deshalb, weil sie beide der Vorgehensweise nach zwar auseinanderstreben, inhaltlich aber deckungsgleich sind. Und dies vollständig.

Leiden, Tod und Auferstehung Christi im Ritus und in der Mystik

Das rituelle Geschehen vergegenwärtigt als heiliges Drama das Heilsgeschehen – die Neuschöpfung der gefallenen Welt durch die Menschwerdung Gottes als Christus, durch sein Leben, Leiden und Sterben. So symbolisiert das Licht der Osternachtfeier den Hinabstieg Christus in die Totenwelt, in der er als das Licht des Lebens aufleuchtet und die Toten befreit. Damit beginnt seine Auferstehung als sonnenhafter Aufgang.

Das Auferstehungsereignis und seine Vergegenwärtigung in der Liturgie werden in der Anastasis-(Auferstehungs-)Ikone gespiegelt, die als Tafelbild in der Festbildreihe der Bilderwand vertreten ist, als Fresko im Gewölbe des Mittelschiffs der Athoskirchen. Das gleiche Drama des Leidens und Sterbens, vor allem aber der Auferstehung spielt sich auch im Inneren des Mystikers ab.

Johannes Chrysóstomos spricht bereits davon, daß der gebetete Name Christi den Drachen in unserem Herzen überwindet. Im Gebet wird hier also die Auferstehung nachvollzogen – und tatsächlich ist die Darstellung der Überwindung eines Drachens eine Vorform des im 7. Jh. aufgekommenen Auferstehungsmotivs. Ganz deutlich wird die Verlagerung des heilsgeschichtlichen Dramas ins Herz des Mystikers bei Symeon dem neuen Theologen:

»... einer Sonne gleich geht es in mir, in meinem jammervollen Herzen, drinnen auf wie eine lichtverwandte – weil Licht ist's auch – runde Sonnenscheibe ... In mich, den Letzten und Erbärmlichsten von allen, hat sie sich eingesenkt, sie, welche einst die Jünger zu Aposteln und zu Gottes Söhnen machte. In mich, sag ich, den jene schauerliche Schlange in Gefangenschaft gehalten, in mich, der Knecht und Sklave aller Bosheit war. Jene Sonne, die bestanden vor Anbeginn der Zeiten schon, die in die Unterwelt schon ihre Strahlen sandte, durchleuchtet nun auch meine Seel' in ihrer tiefen Finsternis und schenkt mir einen Tag, der ohne Abend ist.« (2. Hymne)

Die Verzahnung von liturgisch vergegenwärtigter und mystisch erfahrener Heilsgeschichte Die orthodoxe Kirche kann Kult und Mystik nebeneinander bestehen lassen, weil die Mystik kultische, insbesondere sakramentale Elemente enthält und der Kult mystisch ist. Die Kinonia (Gemeinschaft) der Eucharistie zielt ja genau wie das mystische Erleben auf die Verschmelzung des Ich mit der Wirkkraft Gottes hin.

– Die Philokalía empfiehlt dem Mystiker konsequenterweise, häufig an der Kommunion teilzunehmen. Grundsätzlich ist die Mystik sogar der Ergänzung durch den Kult bedürftig, denn Kommunion ist nur in Gemeinschaft möglich. Der Kult ist universal, tendiert dazu, die Welt zu umfassen und auf möglichst viele Menschen einzuwirken. In diesem Sinne stellt er einen durchaus notwendigen Ausgleich zum individuellen Heilsweg des Mystikers dar, der ganz bewußt auf das Wirksamsein in der Welt verzichtet.

Mystik und Kult lassen sich besonders gut in den idiorrhythmischen Skiten miteinander vereinbaren: Die Woche über leben die Mönche für sich in ihren Hütten, an Sonn- und Feiertagen zelebrieren sie gemeinsam die Eucharistie im Kyriakón, der Kirche der Skíti.

– Im Drama der verschiedenen Akolouthien (Gottesdienste) schlüpfen die Gläubigen beispielsweise in die Rolle der Cherubim und Seraphim, die um den überhimmlischen Altar Gottes stehen (großer Einzug des eucharistischen Gottesdienstes), in die der Apostel und Frauen auf Golgatha

(Karfreitagsgottesdienst). Sie nehmen symbolisch am heilsgeschichtlichen Geschehen teil. Dies ermöglicht die Einfühlung in die Ereignisse, in die sich mancher Gläubige, besonders mancher Mönch, so tief versenkt, daß er Christus und die Apostel mit seinem inneren Auge sieht und mit seinem inneren Ohr hört. Das rituell vergegenwärtigte Drama wird im Idealfall zu einem mystischen Erleben.

Gerade in der Ikone, die die Schau des unerschaffenen Lichts im Bild der Verklärung (Bild des Hochfestes vom 6. Juli) darstellt, sind auch Moses und Elias einbezogen: Vertreter der Gesetzlichkeit und des Ritus einerseits und Vertreter der Prophetie und der ekstatischen Schau andererseits.

Die Einheit von Kunst und Kult auf dem Athos

Klöster – Festungsrechtecke um das Katholikón herum

Die ideale Anlage eines Athosklosters Die Athosklöster sind streng funktionell durchkonstruiert. Im Idealfall sehen sie so aus:

– Sie liegen etwas erhöht. Das hat einen ideellen Grund (das Emporstreben in die Höhe zu Gott) und auch einen praktischen (die bessere Sicherung gegen Überfälle).

– Das Katholikón ist das Zentrum des Klosters, sein absoluter Mittelpunkt im architektonischen wie im geistig-geistlichen Sinn. Tatsächlich ist es der Raum, in dem die Mönche den größten Teil ihrer Zeit verbringen. Die Kirche ist, wie im Prinzip alle orthodoxen Kirchen, geostet, weist also in die Richtung, in der nach orthodoxem Verständnis das Paradies liegt.

– Rings um das Katholikón zieht sich ein im Idealfall quadratisches mehrstöckiges, d.h. mindestens dreistöckiges Rechteck an Gebäuden, das den Wohntrakt mit den Zellen und die Wirtschaftsgebäude sowie zusätzliche Kapellen enthält. Der Gebäudering ist nach innen (zum Katholikón hin) offen und mit luftigen Veranden ausgestattet. Mehrere Türen führen in den Hof auf das Katholikón zu. Nach außen ist der Mauerring abweisend, das Haupttor, der einzige Zugang, gewinkelt. Jedes Kloster ist eine Burg und besitzt in der Regel zumindest einen Turm. Vor allem gegen die verheerende Seeräuberplage haben sich die Klöster ganz gut verteidigen können. Die bauliche Anordnung drückt jedoch auch symbolisch aus, daß sich die Mönche gegenüber der Welt abschließen und abgrenzen wollen, um sich völlig dem Himmlischen, repräsentiert durch das Katholikón, zuwenden zu können.

– Die Trápeza (Refektorium) liegt, wo immer möglich, gegenüber der Kirche – Eingang zu Eingang. Sie ist spiegelverkehrt dazu orientiert, d.h.,

42 Das Kloster Pantokratoros – eine typische Athosanlage. Sie ist auf einer Anhöhe am Meer gelegen, besteht aus einem Rechteck aus Gebäudetrakten, das ein Katholikón umschließt, und verfügt über einen Wachtturm

ihre Apsis zeigt nach Westen. Der Speisesaal kann ein eigenes Gebäude oder – bei Platzmangel – in das Mauerrechteck einbezogen sein. Oft liegen zwischen Katholikón und Trápeza verbindende gedeckte Gänge oder Räume. Der Ort der gemeinsamen Mahlzeiten ähnelt einer Kirche, ist wie diese freskengeschmückt, deutet durch sein bloßes Erscheinen an, daß die Mahlzeiten, während derer erbauliche Schriften vorgelesen werden, auch eine Art von Gottesdienst sind, der an die Kinonia (Kommunion) erinnern soll.

– Die Phiáli, der sogenannte »Weihwasserbrunnen«, besteht aus einer großen kelchartigen Schale unter einem Ziborium, einer auf acht Säulen ruhenden Kuppel (eine Art von festgefügtem Baldachin aus Stein). Der freistehende Bau wird gerne im Westen des Katholikóns zwischen seiner Fassade und der Trápeza errichtet, oder auch vor der Nordseite der Kirche.

In der Phiáli wird in der feierlichen Zeremonie der Wasserweihe zu Beginn des Jahres (Christi Taufe am 6. Januar), aber auch an jedem Monatsanfang, das Weihwasser geweiht. So wie jede Mahlzeit an das Mysterium (Sakrament) der Kommunion und seine Einsetzung anläßlich

43 Taufe Christi im Jordan. Darstellung in der Kuppel der Phiali von Watopédi

des letzten Abendmahls Christi erinnert, so gemahnt der Gebrauch des Weihwassers an das Taufmysterium und dessen Einsetzung durch die Taufe Christi im Jordan. Die Phiáli kann auch durch eine Weihwassernische im Narthex des Katholikóns ersetzt sein (Pantokratoros).

Die architektonische Sonderform der Athoskirchen

Die mittelbyzantinische Kreuzkuppelkirche In mittelbyzantinischer Zeit hat sich unmittelbar nach dem Bilderstreit, kurz nach 900, vom Ausgangspunkt Konstantinopel aus die tatsächlich als ideal zu bezeichnende Standardform der byzantinischen Kirche herausentwickelt – die mittelbyzantinische Kreuzkuppelkirche. Ihr Normaltyp, die sogenannte Vierstützen-Kreuzkuppelkirche, wurde in spät- und nachbyzantinischer Zeit nur noch geringfügig abgewandelt. Die Grundkonzeption wird auch in den serbischen, bulgarischen, russischen und rumänischen orthodoxen Kirchenbauten in variierter Form verwirklicht.

Der Naos (Hauptschiff) der Kreuzkuppelkirche bildet in der Unterzone ein Quadrat, läßt in der überleitenden Gewölbezone sowohl in der Außenerscheinung wie im Inneren die Kreuzform zu Tage treten und geht schließlich in das den Bau krönende Rund der Kuppel über. Für sich allein betrachtet, bildet der Bauteil Naos einen reinen, in die Höhe hinauf orientierten Zentralbau, dem durch Anbau des Allerheiligsten mit drei Apsiden im Osten und der Vorhalle im Westen zusätzlich eine gewisse Längsrichtung überlagert wird. Im Gegensatz zu den fast ausschließlich längsorientierten romanischen und gotischen Kirchenbauten des Abendlandes sind in der byzantinischen Kirchenarchitektur dieser Zeit die beiden Richtungstendenzen von oben nach unten und von Ost nach West in ein ideal ausgewogenes Gleichgewicht gebracht.

Die Trikonchos-Kirchen des Athos Das Athos-Katholikón schlechthin ist ein abgewandelter Vierstützensystem-Kreuzkuppeltyp. Eingeführt

44 Grundtypus der (auf dem Athos nur in abgewandelter Form vorhandenen) mittelbyzantinischen Vierstützen-Kreuzkuppelkirche: Der Hauptraum besteht aus einem Quadrat, das seinerseits durch vier eingestellte Stützen (Pfeiler oder Säulen) in neun Unterquadrate eingeteilt wird. Das mittlere leitet durch Eckzwickel über in einen Tambour mit meist acht Fenstern, über dem sich flach die Kuppel wölbt. Von den restlichen acht Quadraten sind die im Osten und Westen sowie im Norden und Süden mit hohen, vom Kuppelraum aus kreuzförmig ausstrahlenden Tonnengewölben gedeckt, die vier in den Ecken liegenden kreuzgewölbt (oder mit Nebenkuppeln versehen). Dem Zentralbau wird zusätzlich eine Dimension der Längsrichtung verliehen, dadurch daß im Osten ein Dreiapsidenchor, im Westen eine Vorhalle (oder zwei) vorgesetzt werden

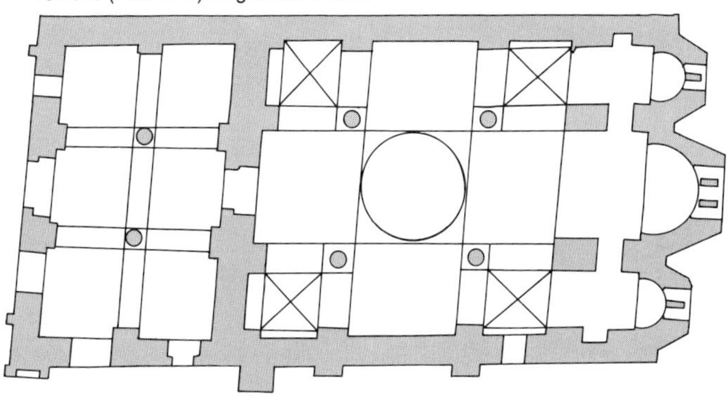

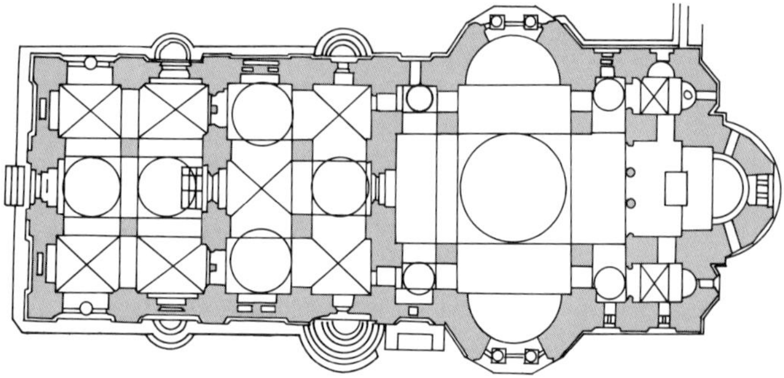

45 Katholikón von Dochiaríou. Typischer Athos-Trikonchos. Der Kuppelraum ist gegenüber dem in der echten Kreuzkuppelkirche wesentlich vergrößert. Das bedingt eine starke Zusammendrängung der von ihm ausstrahlenden tonnenüberwölbten Kreuzarme. An die Querschiffarme sind, u. a. um den Raumverlust auszugleichen, die beiden für diesen Typ charakteristischen Chöre angesetzt (Grafik frei nach Brockhaus)

wurde er um 961 mit der Errichtung des Katholikóns von Lawra unter Athanasios Athonitis. Die Spurensuche nach Ähnlichem, das anregend gewirkt haben könnte, führt allenfalls zu den Tetrakonchos-Kirchen des 7. Jhs. in Armenien, die auch bei der Entstehung des normalen Kreuzkuppeltyps zumindest Pate gestanden haben dürften.

Auffälligstes Merkmal des Trikonchos sind die beiden hohen Chöre im Süden und Westen des Naos, die den verkürzten Kreuz-Querschiffarm ersetzen. Auch der Kreuz-Längsarm ist verkürzt, allerdings nicht immer ganz so radikal wie der Querarm. Ein weiteres Merkmal ist die sehr niedrige äußere, oft nachträglich vorgesetzte Vorhalle im Westen, die wie angeklebt wirkt. Sie kann auch durch einen Übergangsraum zur Trápeza ersetzt worden sein.

Die Mönche umstehen in ihrem Gestühl die Wände des Naos. Durch die ausladenden Chöre wird Raum für die Psaltes (Sänger) und Lektoren gewonnen. Es geht ja darum, immer möglichst viele Mönche in die Gestaltung des Gottesdienstes einzubeziehen. Jeder Athosbesucher kann sich überdies davon überzeugen, daß sich die beiden Chöre auch als akustisches Hilfsmittel bewähren. Doch dürften für die athonitische Neukonstruktion auch noch andere, architektonisch und geistesgeschichtlich gewichtige Gründe vorliegen.

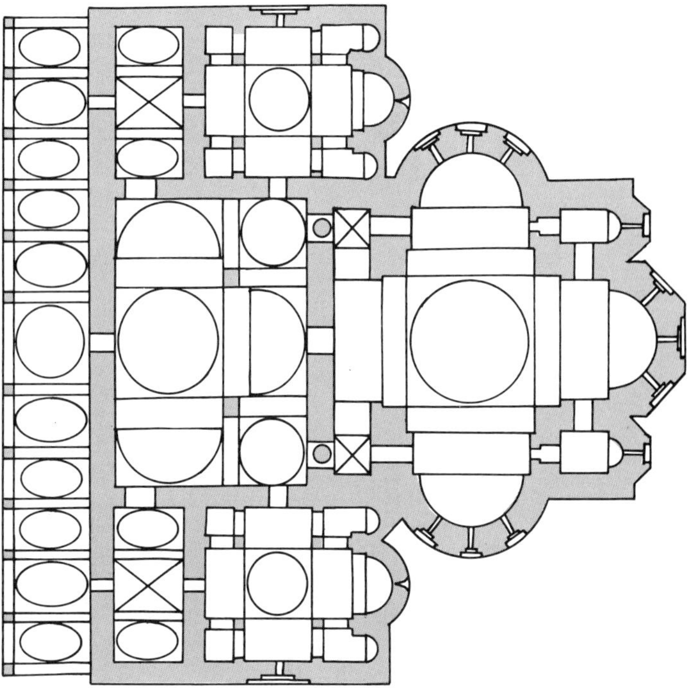

46a u. b Grundrisse der Katholika des Láwra-Klosters und von Jéra Moni Koutloumousíou (Graphiken frei nach Brockhaus)

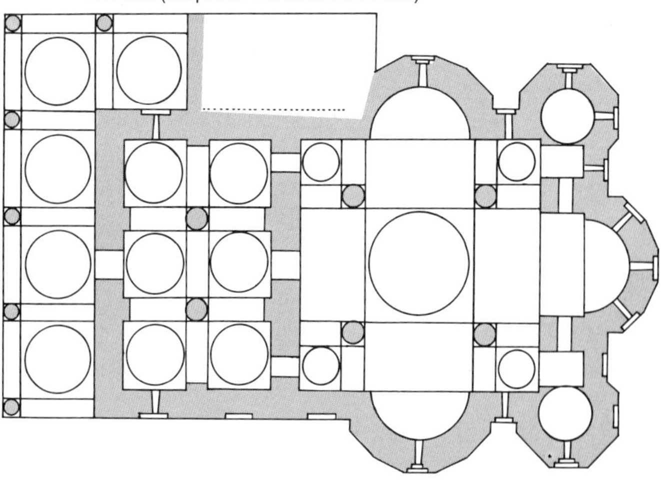

Das Bildprogramm des Katholikón Dochiaríou

1 Himmelfahrt
2 Pfingsten
3 Maria zwischen zwei Engeln
4 Himmlische Liturgie
5 Apostelkommunion
6 Seraph
7 Nikolaos
8 Grigorios
9 Johannes Chrysostomos
10 Basilios
11 Athanasios
12 Johannes Eleomon
13 Christus
14 Bischöfe

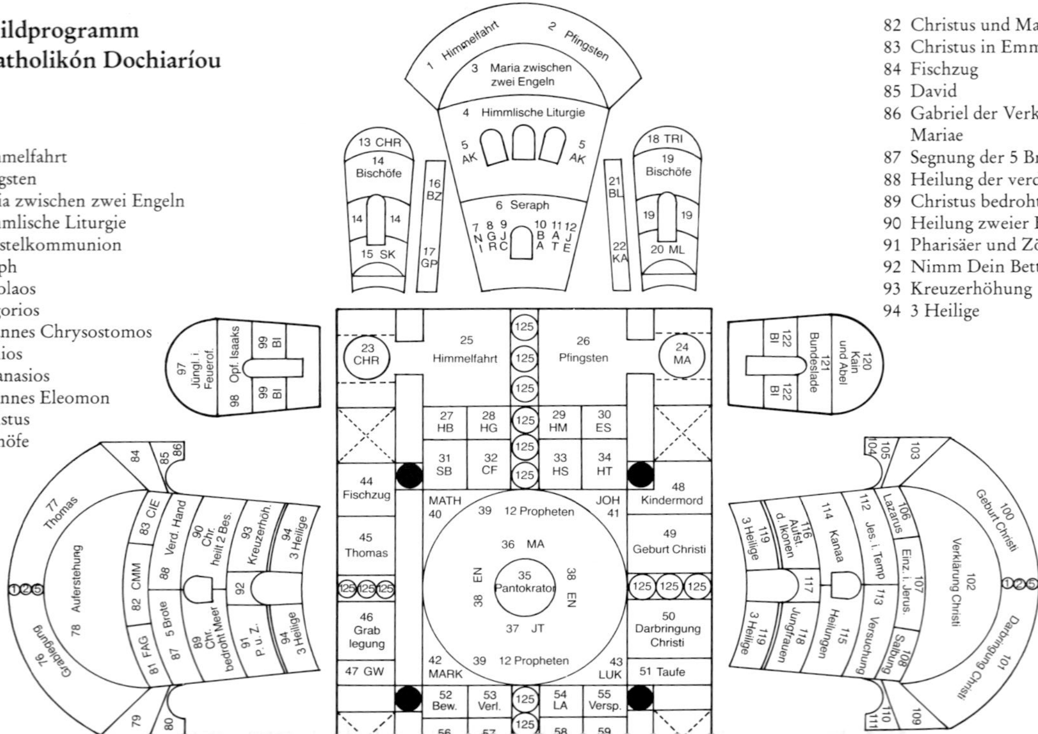

82 Christus und Maria Magdalena
83 Christus in Emmaus
84 Fischzug
85 David
86 Gabriel der Verkündigung Mariae
87 Segnung der 5 Brote
88 Heilung der verdorrten Hand
89 Christus bedroht das Meer
90 Heilung zweier Besessener
91 Pharisäer und Zöllner
92 Nimm Dein Bett . . .
93 Kreuzerhöhung
94 3 Heilige

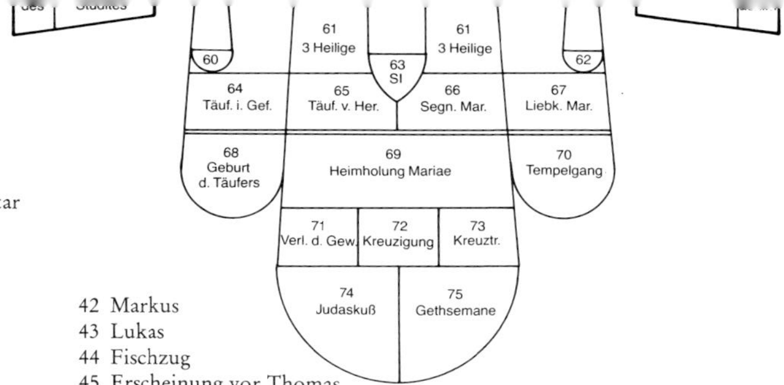

15 Sylvester und Klemens vor dem Altar
16 Bundeszelt
17 Grigorios Palamas
18 Trinität
19 Bischöfe
20 Martin und Leo vor dem Altar
21 Bundeslade
22 Kyrillos von Alexandrien
23 Christus, von den 4 Flügeltieren getragen
24 Maria, von Engeln getragen
25 Himmelfahrt
26 Pfingsten
27 Heilung eines Blinden
28 Heilung eines Gelähmten
29 Heilung eines Mondsüchtigen
30 Erweckung des Sohns der Witwe
31 Samariterin am Brunnen
32 Christus erscheint den Frauen
33 Heilung des besessenen Stummen
34 Heilung der Tochter der Kananäerin
35 Christos Pantokrator
36 Maria
37 Johannes der Täufer
38 5 Engel
39 12 Propheten zwischen den Tambour-Fenstern
40 Matthäus
41 Johannes
42 Markus
43 Lukas
44 Fischzug
45 Erscheinung vor Thomas
46 Grablegung
47 Grabwächter
48 Kindermord in Bethlehem
49 Geburt Christi
50 Darbringung Christi im Tempel
51 Taufe Christi im Jordan
52 Beweinung Christi
53 Verleugnung durch Petrus
54 Letztes Abendmahl
55 Verspottung
56 Kreuzabnahme
57 Christus vor Kaiphas
58 Fußwaschung
59 Christus vor Pilatus
60 Tod des Täufers
61 3 Heilige
62 Anna im Garten
63 Immanuel im Schlaf
64 Täufer im Gefängnis
65 Täufer vor Herodes
66 Segnung Mariae
67 Liebkosung Mariae
68 Geburt des Täufers
69 Heimholung Mariae
70 Mariae Tempelgang
71 Verlosung des Gewandes
72 Kreuzigung
73 Kreuztragung
74 Judaskuß
75 Gethsemane
76 Grablegung
77 Thomas
78 Auferstehung
79 Grabwache
80 Christus zwischen den Jüngern
81 Frauen am Grab
95 Gastmahl des Herodes
96 Theodoros Studites
97 3 Jünglinge im Feuerofen
98 Abraham opfert Isaak
99 3 Bischöfe
100 Geburt Christi
101 Darbringung Christi im Tempel
102 Verklärung Christi
103 Kindermord in Bethlehem
104 Maria der Verkündigung
105 Jesaias
106 Erweckung des Lazarus
107 Einzug in Jerusalem
108 Salbung Christi
109 Taufe Christi im Jordan
110 Heilung des Aussätzigen
111 Christus und die Sünderin
112 12jähriger Jesus im Tempel
113 Versuchung Christi
114 Hochzeit zu Kana
115 Heilungen
116 Wiederaufstellung der heiligen Ikonen
117 Heilung zweier Blinder
118 5 kluge und 5 törichte Jungfrauen
119 3 Heilige
120 Opfer Kains und Abels
121 Bundeslade
122 Bischöfe
123 Joachim in der Wüste
124 Heilige
125 Propheten

– Die Katholika können aus verschiedenen Gründen nicht beliebig groß gehalten werden. Würde nun bei Beibehaltung der vorhandenen Naosgröße das Naosquadrat, wie üblich, in neun kleinere Quadrate eingeteilt, so fiele das zentrale Quadrat recht klein aus. Die Kuppel geriete winzig, der Lichteinfall durch den Tambour wäre unzureichend gering. Das ist tatsächlich der einzige, aber eben schwerwiegende Nachteil der klassischen Vierstützensystem-Kreuzkuppelkirchen. Der muß sich ganz besonders unangenehm bemerkbar machen in Klöstern, in denen Christus als das himmlische Licht verehrt wird.

Nun wird beim Trikonchos unter Beibehaltung der Außenmauernabmessungen der zentrale Kuppelraum vergrößert und damit die Lichtzufuhr gesteigert. Das geht notwendigerweise zu Lasten einerseits der Kreuzarmpartien (die nun keine Quadrate mehr sind, sondern zu Rechtecken deformiert werden) und andererseits der vier Eckquadrate (die nunmehr viel kleiner ausfallen).

– Die Klosteranlage erhält die Form eines Mandala: Die übliche Kreuzkuppelkirche bezieht ihre architektonische Spannung aus dem Kontrast zwischen Quadrat und Rund. Sie erscheint als eine Art von plastischem Mandala, das ja bekanntlich die Ganzheit des menschlichen Geistes repräsentiert – seine konstruktiven Verstandeskräfte (Rechteck) und seine natürlichen Empfindungen (Rund). Beim Trikonchos wird durch die ausladenden, abgerundeten Chöre im Süden und Norden die Außenform leicht abgerundet; sie vermittelt zwischen dem Rechteck (im Idealfall Quadrat) des umgebenden Gebäudetrakts und dem Rund der Kuppel. Somit schließt sich das gesamte Kloster zusammen zu einer Mandalaform – einem Symbol der geschlossenen, allumfassenden Ganzheit. Im übrigen steht – eine Symbolik, die durch Darstellungen auf Fresken bestätigt wird – das Rechteck für die Welt, das Rund für den Himmel. Die Außenhaut des Klosters nimmt also die symbolische Form der Welt an, der diese zugewandt ist. Das zentrale Herzstück des Klosters in der Gestalt des Rundes des Kuppelraums repräsentiert den Himmel, zu dem der Mönch von ganzem Herzen aus hinstrebt.

Sonderformen des Trikonchos Der Grundtyp des Trikonchos-Katholikóns besitzt eine Hauptkuppel. Links und rechts neben dem Innennarthex ist eine niedrige, ebenfalls überkuppelte Kapelle eingebaut. Die Gesamtfront – Narthex und Kapellen – wird von einem verandenähn-

47 Das Katholikón von Dochiaríou. Je eine Nebenkuppel sitzt über den beiden Seitenapsiden (Prothesis links und Diakonikón rechts); zwei krönen die innere Vorhalle

lichen, sehr niedrigen, auch bisweilen offenen Außennarthex zusammengeklammert. Abgesehen von dieser Basisform kommen aber auch allerlei Variationen des Trikonchos vor, insbesondere eine üppigere Ausstattung mit Nebenkuppeln. Manchmal ist der Narthex mit ein, zwei oder drei Kuppeln verziert, manchmal sind die Eckzwickel zwischen den Kreuzarmen überkuppelt. Auch die Pastophorien - die seitlichen Apsiden - können kleine Kuppeln tragen. Das recht junge Katholikón von Zográphou ist neunfach überkuppelt. Auffällige, nach Norden und Süden ausladende, rund ummantelte Pastophorien besitzt das Katholikón von Pantokrátoros; das von Philothéou ist ungewöhnlicherweise mit einem Wehrturmportal ausgestattet. Ein seitlich versetzter Glockenturm findet sich in Watopédi. Allgemein sind die Katholika dunkelrot getüncht. Die Außenwände des serbischen und bulgarischen Klosters allerdings beziehen ihre unerhört lebendige Wirkung aus den wechselnden Lagen von weißem Hau- und rotem Formstein. Bisweilen werden nur die Tambourzonen rot gefärbt. Die Russen haben neuerdings die Wände eines Katholikón rot bemalt, die Tambourzone gelb und die Kuppel russischgrün.

Das Bildprogramm im Inneren des Katholikón

Architektur als Träger für Bildprogramme Der Besucher aus dem Abendland, besonders aus dessen nördlichem Teil, fühlt sich gelegentlich verwirrt und überfordert, wenn er sich der Überfülle von Bildern ausgesetzt sieht, die ihm in einer Athoskirche regelrecht entgegenbrandet. Nun hat aber die kirchliche Architektur der Orthodoxie zwar einerseits eine herrschende Funktion als sichtbarer Ausdruck einer geistigen Haltung, andererseits aber auch eine dienende. In letzterem Sinne ist sie nichts weiter als ein Behältnis für ein darauf abgestimmtes Bildprogramm.

Die einzelnen Wandpartien des Innenraums sind einander in einem hierarchischen Verhältnis zu-, unter- oder übergeordnet. Das Kuppelrund ist sowohl tatsächlich als auch von seiner symbolischen Bedeutung her das, was am höchsten liegt; die Wandzonen unten oder gar die in der Vorhalle

48 Vielkuppelig ist das Katholikón von Ajíou Páwlou. Die Anlage wirkt dadurch etwas verwirrend, daß eine Nebenkuppel über der inneren Vorhalle in der Größe fast der Hauptkuppel gleichkommt. Das verspielte Gewirr von Kuppeln und Kuppelchen hat zwar seinen exotischen Reiz – es verhüllt aber gleichzeitig auch die Klarheit des theologischen Konzepts und der symbolischen Aussage

49 Die Heiligen bilden die unterste Stufe der Hierarchie und stehen daher vor allem in der untersten Wandzone in Kirchen und Trapezen. Sie bilden mit den Gläubigen in der Kirche eine große Gemeinschaft

sind weit weniger bedeutend. Deswegen wird auch das, was absolut am wichtigsten ist – der Christus Pantokrator (Allherrscher) –, in der Kuppel dargestellt, und zwar gegenüber allem anderen im größten Format; zudem ist es dort noch am auffälligsten beleuchtet.

Die weniger wichtigen – noch den Erdenmenschen nahen – »kleinen« Heiligen sind unten auf den tiefer gelegenen Wandzonen abgebildet. Die architektonische Hierarchie und die Hierarchie des Bildprogrammes werden also genau aufeinander abgestimmt. Das, was nun dargestellt wird, bezieht sich auf die Heilsgeschichte – und diese wird wiederum auch unten im Kirchenraum im Ritus mit Gestik, Umzügen, Gebet, Gesang und Lesungen auf geheimnisvolle Weise dargestellt und vor allem vergegenwärtigt. Die Architektur, die Malerei und die Liturgie, die sich darunter und dazwischen abspielt, bilden eine Einheit. Geschähe das alles im profanen Bereich, dann bezeichnete man es als ein Gesamtkunstwerk. Doch das hier ist mehr, denn es kommt noch etwas hinzu – die geheimnisvolle Entfaltung des göttlichen Einst und Dort im Jetzt und Hier. Was einst geschah, vor bald 2000 Jahren im fernen Jerusalem, wiederholt sich im geheiligten Raum der Kirche und in der geheiligten Zeit des Gottesdienstes.

Die mönchische spät- und nachbyzantinische Bilderwelt

Die mönchische spät- und nachbyzantinische Bilderwelt, wie sie sich uns auf dem Athos, auch auf den Meteoren und anderswo darstellt, läßt sich in drei hierarchisch abgestufte Motivgruppen unterteilen:

1. Künftige Heilswelt

Symbolische Darstellungen der Heilswelt, die dereinst erwartet wird. Diese ist allerdings nicht nur eine zukünftige Welt, sondern sie umfaßt alle Zeiten – die »Äonen der Äonen«. Sie ist in der Vergangenheit schon vorhanden, im heilsgeschichtlichen Wirken Christi, sie ist in der Gegenwart vorhanden in der kultisch-liturgischen, vor allem in der sakramentalen Vergegenwärtigung des Heilsgeschehens. Zugleich aber wird auf rituelle Weise wie auch auf ekstatisch-mystische die künftige Gottesschau vorweggenommen.

So gesehen wird in allen Bildern der himmlischen Hierarchie als der Abstufung Christus Pantokrator, Engelschöre, Propheten und Apostel, Heilige und Märtyrer, der künftige paradiesische Zustand, der bereits ins Hier und Heute hineinwirkt, dargestellt. Aber auch in allen Festtagsbildern und Darstellungen des Wirkens Jesu erscheint das Paradies vorweggenommen. Die Krankenheilungen etwa bezeugen die Herrschaftsmacht Christi über die dämonischen krankmachenden Mächte. Selbst die Passionsbilder verweisen auf das Paradies, denn sie spielen nicht nur auf die heilsgeschichtlichen Geschehnisse der Vergangenheit an, sondern meinen auch deren liturgisch-rituelle Wiederholung in der Proskomidí (Zurüstung der Gaben) und in der das Mystérion der Kinonía einschließenden Liturgie.

Wie sehr gerade eine Darstellung wie die der Metamorphosis (Transfiguratio/Verklärung) – in der das von den Mönchen in ekstatischer Schau miterlebte unerschaffene Licht vom Berg Tabor aufleuchtet –

paradiesisches Sein vorwegnimmt, braucht nicht extra betont zu werden. Die bildlich-symbolische Vergegenwärtigung des alle Zeiten durchwirkenden Heils umfaßt die überwiegende Mehrzahl aller Darstellungen. Diese sind auch an den hierarchisch bevorzugten Stellen angebracht. In den Haupträumen der Katholika und anderer Kirchen kommen – fast – nur solche Bilder vor.

2. Vergangene Welt mit Hinweisen auf die kommende Heilswelt

Prophetische, vorausweisende (typologische) Motive aus dem Alten Testament sind Hinweise gleichzeitig auf neutestamentlich heilsgeschichtliche Ereignisse wie auf liturgisch sakramentale Vorgänge im Kult. Das Gastmahl Abrahams etwa oder die Bewirtung der drei Männer unter den Steineichen (im Hain Mamre) stellen symbolisch verhüllt die Dreifaltigkeit dar (bis in spätbyzantinische Zeit hinein hat man sie nur auf diese Weise abgebildet!) und weisen gleichzeitig auf die Kommunion hin. Die Opferung Isaaks spielt auf Christi Tod und auf die Kommunion an.

Einige wenige, besonders auf die Eucharistie bezogene alttestamentliche Bilder sind im Katholikón (meist in der Próthesis und im Diakonikón) zu finden. Die meisten AT-Motive, alle auf die Taufe anspielend, werden in der Innenkuppel der Phiáli (Weihwasserbrunnen) verwendet.

3. Leidvolle Gegenwart als Gegensatz zur Heilswelt

Motive der Gegenwelt, mit der es zu kämpfen gilt und in der man leiden muß, sind zum einen die Martyrien der vorbildlich standhaften Heiligen. Zum anderen sind es Parabeln für den mönchischen Kampf – wie der ans Kreuz geheftete Mönch oder die auf der Himmelsleiter Aufsteigenden.

Die Darstellung des Negativen wird in der byzantinischen Kunst erst spät üblich – ab der spät- und hauptsächlich nachbyzantinischen Zeit. Diese Motive verbleiben außerhalb des Allerheiligsten in der Kirche, in der Regel sogar außerhalb des Naos, in den Vorhallen und zu einem Teil auch in den Trapezen.

Eine Ausnahme bilden die Darstellungen des Weltgerichtes, die, abgesehen von den Seligen, auch die Verdammten und den Höllen-

rachen enthalten. Das ebenfalls erst in spätbyzantinischer Zeit aufgekommene Motiv erscheint in den Vorhallen, gerne an der Ostwand des inneren Narthex, in manchen Fällen allerdings auch an der Westwand (Abend- und Nachtseite, Seite des Dunkels) des Naos und verdrängt dann das dort üblicherweise dargestellte Motiv der Heimholung der Gottesmutter. Die seit dem 16. Jh. üblichen Bildzyklen der apokalyptischen Endzeitereignisse (Offenbarung Johanni) finden sich ausschließlich in Vorhallen bzw. Zwischentrakten zwischen Kirche und Trápeza oder in der Trápeza selbst.

Die Darstellungen in den Athosklöstern umreißen Zukunft, Vergangenheit und Gegenwart, umfangen damit die Gesamtheit aller Zeiten. Sie fangen aber auch himmlische, höllische und irdische Welt ein und beschreiben den gesamten Kosmos.

Das Bildprogramm im Malerhandbuch vom Berge Athos Die byzantinischen Bildprogramme wurden in Malerhandbüchern beschrieben. Allerdings ist aus dem griechischsprachigen Raum nur eines davon erhalten, die sogenannte Ermenía *(Hermenia),* das Malerhandbuch vom Berge Athos, verfaßt vom Malermönch Dionysios von Phourna.

Dieser hat um 1701 sein Kellion in Karyes ausgemalt und später gegen 1730 das Handbuch verfaßt. Dionysios hat vor allem die Ikonographie derjenigen Darstellungen geschildert, die zu seiner Zeit dem legendären Manouíl Pansélinos zugeschrieben wurden.

Die Handschriften der Ermenía sind noch nicht textkritisch erforscht. Man ist sich noch nicht einig, ob sie in allen Teilen wirklich echt ist, welche Partien auf ältere Vorlagen zurückgehen und welche spätere Einschübe darstellen. Die Beschreibung etwa der apokalyptischen Szenen kann kaum vor 1565 angefertigt worden sein. Wenn ich mir das Buch in seiner deutschen Übertragung von Schäfer aus dem Jahre 1855 ansehe und es mit dem Denkmalbestand auf dem Athos vergleiche, gewinne ich den Eindruck, daß Dionysios, wenn überhaupt, nur wenige schriftliche Vorlagen ausgewertet, sondern vielmehr einfach die Einzelmotive und die Programme beschrieben hat, die er auf dem Athos vorfand.

Aus dem Vorwort geht hervor, daß er sein Werk als ein Lehrbuch zum Selbststudium angehender Malermönche verstanden hat. Theologische

50 Das Paradies wird immer vor lichtem Hintergrund dargestellt. Blumen und Bäume deuten Fruchtbarkeit an. Unten sitzt der Erzvater Abraham, in seinem Schoß einer der Heimgegangenen. Oben erwartet die Gottesmutter, flankiert von Engeln, die Seligen: »Freue Dich, Du, durch die nun aufgeschlossen das Paradies. Freue Dich, Du, Schlüssel zu Christi Königreich!« *(Akathistos Hymnos).*

Der Kreuztragende ist der reuige Schächer, dem Christus am Kreuz verheißt: »Heute noch wirst Du mit mir im Paradiese sein.« Rechts die vom Cheruben bewachte Pforte

oder andere geistesgeschichtliche Reflexionen darf man nicht erwarten. Das Buch beschreibt liebenswert naiv die aktuelle Situation der Wandmalerei, wie sie Anfang des 18. Jhs. bestanden hat.

Auf dem Athos gibt es einige mittelbyzantinische Mosaiken (Watopédi), nachbyzantinische Darstellungen auf Goldgrund, einiges an spätbyzantinischer, vorwiegend aber postbyzantinischer Wandmalerei mit dunkelblauem, gelegentlich auch hellem Hintergrund. Allgemein wird von Fresken gesprochen, obwohl es sich nicht um in den feuchten Verputz eingestrichene Farben handelt, sondern um Öl- und Eiweißfarben, die auf die trockene Wand aufgetragen wurden. Ausgemalt wurde das Innere von Kirchen, Trapezen und Phialen. In Einzelfällen sind auch Außenflächen (Trápeza in Láwra) bemalt worden, u. a. auch Tympana über Klosterportalen.

Das ikonographische Programm der Klosterkirchen Es existiert ein Basisschema für die Bildprogramme in byzantinischen Kirchen, das sich etwa bis zum Jahr 1000 herausentwickelt hat – genau in dem Augenblick, da auch Kreuzkuppel- und Trikonchos-Architektur ausgereift waren.

Der Naosinnenraum ist in drei architektonische Hauptzonen unterteilt, die wiederum in mehrere einzelne übereinanderliegende und durch weiß gesäumte rote Linien getrennte Bildzeilen gegliedert sind. Die Ableserichtung verläuft einerseits von oben nach unten. Es ist weniger daran gedacht, daß der Mensch nach oben in den offenen Himmel mit dem Christus Pantokrator (Allherrscher) blickt, als vielmehr daran, daß der Himmel mit dem Pantokrator über die Erde hereinbricht. Die Erscheinung Christi besagt, daß zunächst, und vor allen Dingen, Gott zum Menschen kommt. Erst als Folge dessen, daß der Gott Mensch wird, kann der Mensch vergöttlicht werden. Horizontal innerhalb einer Zeile geht die Ableserichtung vom Allerheiligsten aus – von der Nordostecke des Naos – und verläuft im Uhrzeigersinn rechts herum um den ganzen Innenraum.

Die Zoneneinteilung:

– Kuppel mit Tambour, unterteilt in drei Zeilen – symbolisiert (auch in ihrer Kreisform) die Gotteswelt, den Himmel.

– Gewölbezone, bestehend aus den hochgelegenen Partien in den Tonnengewölben, unterteilt in zwei Zeilen und der darunterliegenden Gewölbezone des Naosquadrats mit einer Zeile. Diese Gewölbezone symbolisiert den Übergangsbezirk, in dem Himmlisches mit Irdischem zusammentrifft. Es ist die Zone der Erscheinung des Göttlichen in der Welt.

– Tiefgelegene Naoszone, unterteilt in zwei (oder drei) Zeilen – symbolisiert (gerade auch in ihrer Quadrat- oder Rechteckform) die irdische Welt.

Die hierarchische Gliederung von oben nach unten wird von einem zweiten Prinzip überlagert – der hierarchischen Ordnung von Osten, der Seite des Lichts, des Morgens, des Paradieses, nach Westen, der Seite des Dunkels, des Abends, der Totenwelt. Ganz im Osten in der Apsiswölbung thront die Gottesmutter zwischen zwei Engeln; an der Westwand ist die Heimholung der Gottesmutter dargestellt.

Grundschema des ikonographischen Programmes eines Katholikón auf dem Ajíon Oros

Senkrechte Linie Oben–Unten

Kuppel

Kuppelrund:	Christus Pantokrator (Allherrscher) als Brustbild.
Ring um das Rund:	Erzengel und Cherubim/Seraphim mit Gottesmutter (östlich) und Johannes dem Täufer (westlich) oder himmlische Liturgie (Kommunion mit Christus als Priester und mit Engeln).
Fensterzeile:	Propheten.

Gewölbezone

4 Eckzwickel (Pendentif):	4 Evangelisten in der Reihenfolge der Perikopenbücher: Mat., Joh., Luk., Mar. Zwischen ihnen im Osten Mandylion, im Westen Keramíon.
1./2. Zeile Gewölbe (Tonne):	Festtagsbilder, Christi Wunder, Passionsszenen. Besonders wichtige Festbilder – z. B. Auferstehung und Verklärung – werden in der Wölbung des Nord- und Südchores dargestellt.
3. Zeile unterm Naosgewölbe:	Ebenfalls Festtagsbilder, Wunder, Passion.

Naoszone

1. (obere) Zeile:	Marienleben, Krankenheilungen.
2. (untere) Zeile:	Heiligengestalten (Priester, Krieger, Märtyrer, Asketen).

Grundschema des ikonographischen Programmes eines Katholikón auf dem Ajíon Oros

Waagerechte Linie Osten–Westen

Allerheiligstes im Osten

HAUPTAPSIS VON OBEN NACH UNTEN:

Tonne:	Himmelfahrt, Pfingsten, Auferstandener Christus, Heilungen.
Apsiswölbung:	Gottesmutter zwischen Gabriel und Michael.
Zwischenzeile:	Apostelliturgie. Christus als Priester.
Fensterzeile:	Vorbilder aus dem Alten Testament für die Kommunion.
Unterste Zeile (um Altar):	Kirchenväter, geführt von den Liturgen Chrysóstomos und Basilios.

NEBENAPSIDEN VON OBEN NACH UNTEN:

Gewölbe:	Christus (links), Gottesmutter (rechts), von Engeln umgeben.
Apsiswölbungen:	links: Christus oder Johannes der Täufer, rechts: Trinität (Gastmahl Abrahams).
Zwischenzeile:	Vorbilder aus dem Alten Testament für die Kommunion.
Fensterzeile:	Heilige Bischöfe, Kleriker.
Unterste Zeile:	Heilige Kleriker.

Naosmitte mit Chören	
Gewölbezone:	Festtagsbilder, Taten und Leiden Christi.
Fensterzone:	Leben und Wunder Christi.
Obere Zeile, untere Zone:	Synoden und ähnliches, Gleichnisse.
Untere Zeile, untere Zone:	Heilige.
Naoswestseite	
Gewölbe, oberste und 2. Zeile:	Passion und Kreuzigung.
Hochwand, 3. Zeile:	Marienleben, Westwand: Heimholung Mariae.
Obere Zeile, untere Zone:	Leben von Maria und Johannes dem Täufer.
Untere Zeile, untere Zone:	Heilige.

Wir haben also zwei sowohl architektonisch wie vom Bildprogramm her ausgewiesene Richtungsachsen, eine Horizontale und eine Vertikale, die sich kreuzförmig schneiden. Von altchristlicher Zeit an wird die Vertikale des Kreuzes als die Achse der göttlichen Natur betrachtet und die Horizontale als die der menschlichen Natur. Tatsächlich geht die Vertikale der Kirche von Christus als dem göttlichen Allherrscher im Himmel aus, die Horizontale von dem Christuskind auf dem Schoß seiner Mutter, der er seine menschliche Existenz verdankt. Eine psychologische Betrachtungsweise wird in den beiden Kristallisationspunkten der beiden Achsen ein Symbol für das männliche und weibliche Prinzip, für die Spannung dazwischen und für seine Vereinigung sehen.

Bei der Anordnung der heilsgeschichtlichen Taten Christi bestehen Tendenzen, die aufgrund der Raumverhältnisse oder weil zu viele Motive untergebracht werden sollen, nicht immer ganz konsequent durchgehalten werden, aber dennoch deutlich sind:

- Szenen, aus denen die Göttlichkeit Christi hervorleuchtet, werden möglichst in höheren Zonen und an architektonisch wichtigeren und auffälligeren Stellen angebracht.
- Szenen der Leiden Christi, insbesondere die Kreuzigung, werden gerne tiefer angeordnet und möglichst im Westen.

– Szenen um Christi Geburt – und insbesondere die Verkündigung – werden gern nach Osten versetzt. Im östlichen Gewölbe werden auch Himmelfahrt, Pfingsten und alle anderen Ereignisse, die nach der Auferstehung Christi stattfanden, dargestellt.

– Szenen mit eucharistischem Bezug sind im Allerheiligsten untergebracht, insbesondere Szenen aus dem Alten Testament, die typologisch auf das Abendmahl vorausweisen (Gastmahl Abrahams, Isaaks Opferung, brennender Dornbusch). Heilige geistlichen Standes werden ebenfalls dem Altarbereich zugeordnet. Die Kirchenväter, die auch als Väter der Liturgie angesehen werden – insbesondere Johannes Chrysóstomos und Wasílios (Basilius) von Caesarea – umstehen direkt den Altar in der unteren Zone des Apsiszylinders.

– Die Festtagsbilder werden gerne möglichst hoch im Gewölbe und an architektonisch bedeutsamen Stellen untergebracht.

Die Festbilder im Hochgewölbe des Katholikón Festtagsbilder sind die christologischen und mariologischen Szenen der Hauptfeste des Kirchenjahres – heute meist zwölf, zu denen als dreizehntes Ostern hinzukommt (Geburt Mariens, Mariae Tempelgang, Verkündigung an Maria, Geburt Christi, Taufe Christi, Darbringung Christi, Einzug in Jerusalem, Kreuzerhöhung oder Kreuzigung, Auffahrt Christi aus dem Hades, Himmelfahrt, Pfingsten, Verklärung, Heimholung Mariae). Gelegentlich kommen andere Feste hinzu – wie die Auferweckung des Lazarus, die Grablegung und die Erscheinung des Auferstandenen vor Thomas.

Die Festtagsbilder sind alle auch in der obersten Ikonenreihe der Bilderwand – eben der Festbildreihe – enthalten und werden zum Beispiel auf spätbyzantinischen Emaillekreuzen (Chilandaríou, Ajíou Páwlou) dargestellt. Ihre Darstellung ab 1000 leitet die fortschreitende Verflechtung des ikonographischen Programms mit dem Ritus ein. Die zwölf und ein Hauptfeste (Dodekaorthon) sind eine Kurzformel für das Kirchenjahr. Die Zeit wird durch Verknüpfung einerseits mit den Heilstaten Christi, andererseits durch die Namenstage der Heiligen selbst geheiligt. Die Darstellung der Festtagsbilder verknüpft den geheiligten Raum des Katholikón mit der geheiligten Zeit des Kirchenjahres.

Ein ganz ungewöhnlich durchsichtiges Programm besitzt das kleinste Katholikón auf dem Athos, die postbyzantinische Nikolaoskirche von Jéra Moni Stawronikíta. Sie wurde 1546 von Theophanes Bathar, dem

51 Die große Hure Babylon und die wehklagenden Kaufleute. Motive aus der Offenbarung Johanni werden meist in der äußeren Vorhalle dargestellt

Kreter, ausgemalt. Theophanes hat die gesamte Gewölbeübergangszone einem erweiterten Festbildzyklus vorbehalten. Die Wände sind – unüblicherweise – bis hoch hinauf mit Heiligen bedeckt, angeordnet in der Reihenfolge des Heiligenkalenders (Minolojion). Dieses Bildprogramm ist eine einzige in radikaler Konsequenz angelegte Abbildung des Kirchenjahres.

Bildprogramme der Vorhallen, Trapezen und Phialen

Die Programme der inneren und der äußeren Vorhallen Die innere Vorhalle (Isonarthex) ist organisch ans Hauptschiff angefügt, hat etwa die gleiche Höhe wie die Gewölbezone des Hauptschiffes und ist häufig zwei- oder dreifach überkuppelt. Das Handbuch rät (wenn zwei Kuppeln vorhanden sind), in der linken den Christus der Wiederkunft inmitten von Engeln und Heiligen darzustellen, in der rechten die Gottesmutter, umgeben von Propheten.

Derartige Motive kommen des öfteren auch tatsächlich vor – etwa im Verbindungstrakt zwischen Katholikón und Trápeza in Dochiaríou. Auch wenn es für die Vorhallen gewisse bevorzugte Themen gibt, so existiert doch kein ganz genau festgelegtes Programm. In Méjisti Láwra

52 Die Parousie Christi (Wiederkunft am jüngsten Tage). Der Wiederkehrende wird von der Gottesmutter und Johnnes dem Täufer flankiert. Auf diese Weise wird die Deisis ins Gesamtmotiv eingebaut. Darunter wartet der »leere Thron« (Etimasía). Die beiden Engel über Christus rollen den Himmel zusammen wie eine Buchrolle. Exonarthex Jéra Moni Xiropotámou, 1783

ist die postbyzantinische Vorhalle mit typologischen Darstellungen aus dem Alten Testament geschmückt, in Jéra Moni Pantokrátoros füllt die Ostwand eine gewaltige Deisis (= Fürbitte). Dieses Motiv umfaßt die Gottesmutter und Johannes den Täufer, die sich beide fürbittend Christus in der Mitte zwischen ihnen zuwenden. Auf diese Weise werden die Bitten um Fürbitte in den großen Litaneien (Ektenien) der Liturgie ins Bild umgesetzt.

In der äußeren Vorhalle, einer angeklebten niedrigen Veranda, setzt sich auf dem Athos seit der zweiten Hälfte des 16. Jhs. der Apokalypsenzyklus durch. Es sind insgesamt zehn Zyklen bekannt – erstaunlicherweise!

Die orthodoxe Kirche hatte immer ein etwas gespanntes Verhältnis zum grausigsten Buch des Neuen Testaments. Es ist erst spät anerkannt worden, hat weder Eingang in die Liturgie noch in die Kunst gefunden, wenn man von einigen Details der ebenfalls erst spät üblich gewordenen Weltgerichtsdarstellungen (Parousie) absieht (Ein Engel rollt den Himmel zusammen wie ein Buch: Frühestes, mir bekanntes Beispiel: Chorakirche, Konstantinopel, 1315–21).

53 Die vier apokalyptischen Reiter. Exonarthex von Jéra Moni Zográphou

Die älteste Darstellung des Apokalypsenzyklus in der gesamten orthodoxen Welt findet sich in der offenen, das Katholikón und die Trápeza verbindenden Vorhalle in der Jéra Moni Dionysíou (kurz vor 1568). Als Vorlage dienten die von Lucas Cranach d. Ä. den Dürerschen Apokalypseholzschnitten nachempfundenen Illustrationen zur ersten Ausgabe des Lutherschen Neuen Testaments (September-Testament) von 1521 – illustriert war fast ausschließlich die Offenbarung – sowie die Nachschnitte danach von Hans Holbein d. Ä. im Baseler Nachdruck von Thomas Wolff aus dem Jahre 1523.

Die Athoniten hatten wohl die Zeitläufe nach dem Untergang des Byzantinischen Reiches als apokalyptisch empfunden, nicht anders wie Luther selbst auch, der in seinem Vorwort zur Offenbarung Johanni die apokalyptischen Ereignisse in die Gegenwart legt, sogar schon Vergangenes so ausdeutet. Die Athos-Mönche haben die Darstellungen aber vor allem wegen deren antirömischer Tendenz – u. a. hat Cranach die babylonische Hure mit der päpstlichen Tiara gekrönt – bereitwillig übernommen. Eigenständig und sehr originell behandelt ist das Thema in der Verandenvorhalle von Jéra Moni Xiropotámou (1783): In fünf in einer Flucht liegenden Flachkuppeln sind Anbetungsszenen – ähnlich wie im Handbuch beschrieben – abgebildet, umgeben von Schilderungen der apokalyptischen Ereignisse.

Bildprogramme in den Trapezen Die Speisesäle sind umgekehrt zur Kirche orientierte längsschiffige Säle, mit einer Apsis (im Westen) und – oft – einem Quertrakt direkt hinter dem Eingang (gelegentlich auch unmittelbar vor der Apsis).

Die Apsiswölbung enthält das letzte Abendmahl Christi oder eine Darstellung der Gottesmutter. Damit wird die Trápeza zum Pendant der Kirche, ganz abgesehen davon, daß auch die Panajía eucharistische Bedeutung hat. Da sie Christus in sich trug, symbolisiert sie den Kommunionbehälter, die Patene, die Christus als Abendmahlsbrot in sich enthält. In den Schatzkammern der Klöster findet sich so mancher alter Diskos (Patene), auf dem die Panajía dargestellt ist und der auch dementsprechend Panajíarion genannt wird.

Alles, was sich an den Seitenwänden findet, ist austauschbar mit den Bildern in den Vorhallen. So mag die Apokalypse dargestellt sein (Dochiaríou) oder aber das Endgericht (Westwand Láwra). Sehr häufig werden in

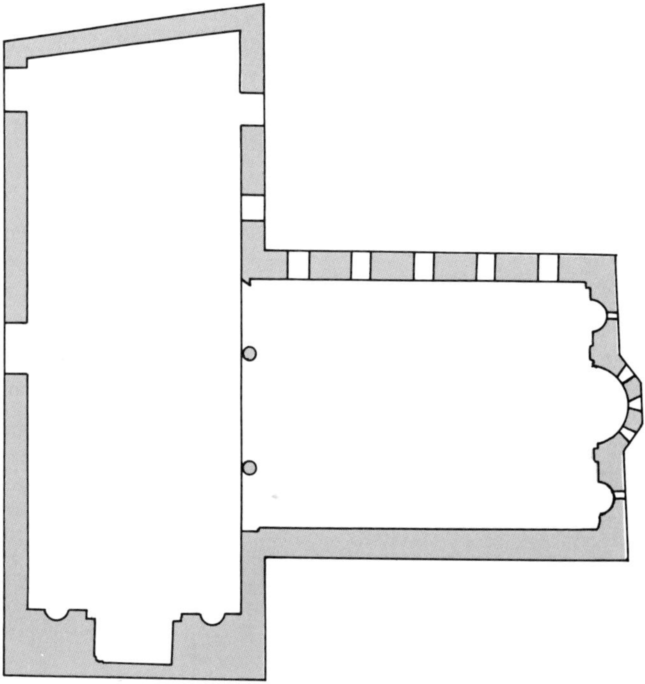

54a u. b Grundrisse der Trápezen von Dionysíou und Dochiaríou (Grafiken frei nach Orlandos)

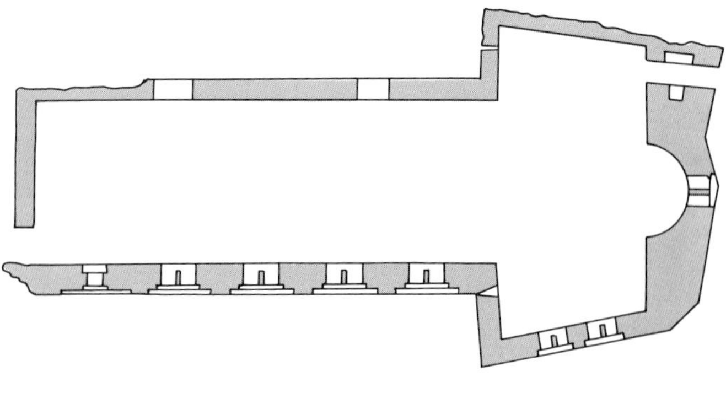

55 Eine der sieben noch von der Gesamtkirche durchgeführten und daher als ökumenisch bezeichneten Synoden. Vorhalle zur Trápeza, Jéra Moni Chilandaríou

56 a Aufriß und Grundriß der Phiále von Láwra (Graphik frei nach Orlandos)

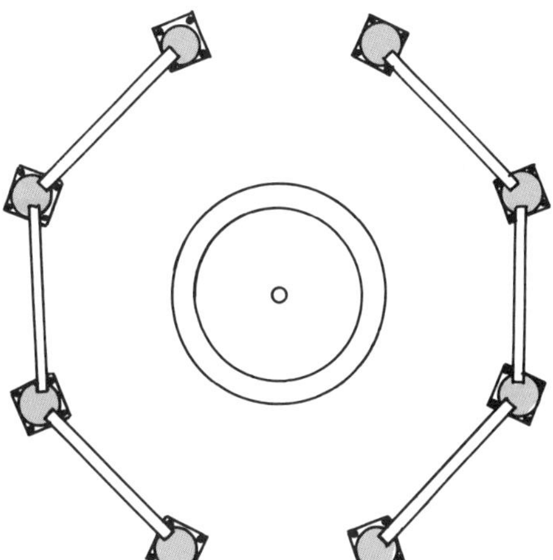

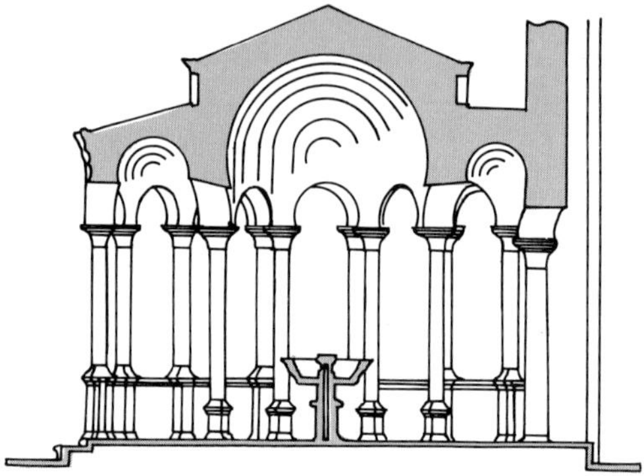

56b Aufriß und Grundriß der Phiále von Watopédi (Graphik frei nach Orlandos)

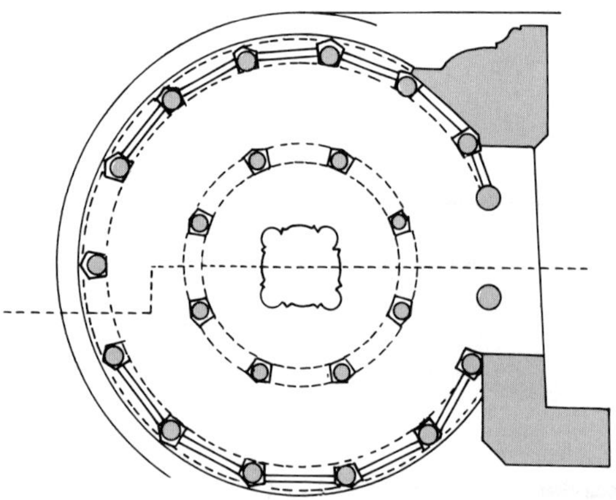

einer hochgelegenen Zeile die 24 Szenen des Akathistos-Hymnos dargestellt. (In Watopédi besetzt der Akathistoszyklus, zusammen mit der Parusiedarstellung, die Westwand der offenen äußeren Vorhalle.) In der untersten Reihe sind gewöhnlich – wie in der Kirche – Heilige aufgereiht.

Darüber sind Motive angeordnet, die mit den Lesungen während der Mahlzeiten zu tun haben – die Himmelsleiter des Johannes Klimakos, das Leben Ephraims, des Syrers (des ältesten Hymnendichters). Des weiteren sind zu finden Wundertaten Christi – vor allem solche, die mit Speisen

57 Taufe Christi. Späte, postbyzantinische Darstellung in der Kuppel der Phiáli von Chilandaríou

58 Jonas wird vom Seeungeheuer ausgespien. Das im Alten Testament geschilderte Geschehen weist typologisch voraus – einerseits auf die Taufe, andererseits auf Tod und Auferstehung des Erlösers (Jéra Moni Chilandaríou)

zu tun haben –, Märtyrerszenen, die Wurzel Jesse. Auch die ersten sieben ökumenischen Synoden werden in der Trápeza (Dionysíou) abgebildet oder in einer Vorhalle von ihr (Chilandaríou).

Das Bildprogramm der Phialen Die Kuppel der Phialen enthält einen Himmelskreis mit Engel und Sternen – oder aber den Pantokrator. Davon aus geht ein Strahl, der hinunterscheint zur Taufe Christi im Jordan. Umgeben ist das Motiv von einer ganzen Reihe alttestamentlicher Ereignisse, die als typologische Andeutungen auf die Taufe gelten: Auffindung des im Körbchen schwimmenden Moseskindchens, Untergang der Ägypter im Meer, Werfen des Jonas ins Meer usw. Auf seitlichen Zwickeln erscheinen die Propheten, die die Taufe geweissagt haben.

Die Stile der Wandmalerei

Keine Schulen, sondern Stiltendenzen Abgesehen von einigen wenigen mittelbyzantinischen Darstellungen (z.B. Watopédi Isonarthex [Eisonarthex], Pantokratoros Isonarthex), sind die Malereien auf dem Athos spät- und postbyzantinisch.

Gabriel Millet, der französische Byzantinist, der als erster zu Anfang dieses Jahrhunderts die verdienstvolle Aufgabe bewältigte, die byzantinische Kunst, auch die des Athos, fotografisch zu dokumentieren, unterscheidet zwei Schulen mit erheblich voneinander abweichenden stilistischen Eigenheiten. Die eine nennt er makedonisch, die andere kretisch. Diese Bezeichnungen findet man immer wieder in der Literatur – und das, obwohl sie mißverständlich und auch überholt sind. Die neuere Forschung, die sich auf jüngst restaurierte Wandmalereien in Konstantinopel, Thessaloniki und auch auf inzwischen freigelegte Darstellungen auf dem Athos stützt, zeigt, daß unter den Oberbegriffen »makedonisch« und »kretisch« Künstlerpersönlichkeiten mit unterschiedlicher Handschrift und vielleicht auch aus verschiedenen Schulen zusammengefaßt wurden, die keinesfalls im Sinne einer regelrechten Schule voneinander abhängig, sondern allenfalls durch einige gemeinsame Stiltendenzen miteinander verbunden waren.

Die spätbyzantinische, sogenannte makedonische Tendenz kam um 1300 auf, die postbyzantinische kretische nach 1500. Im 18. Jh. haben sich die beiden Tendenzen einander angeglichen und im 19. Jh. mit abendländischen, vor allem barocken Tendenzen vermengt.

Sogenannte madekonische Schule – Ausdruck liturgischen Lebens Die entsprechenden Bilder auf dem Athos haben in ihrer Bewegtheit schon eine gewisse Ähnlichkeit mit den Fresken von Nerezi bei Skopje von 1164 und denen von Sopocani in Serbien von 1265. Als einer Schule zugehörig, könnte man aber allenfalls die Wandmalereien in Chilandaríou von 1301/2 und die Mosaiken in der Chorakirche in Konstantinopel von 1315–21 ansehen.

In beiden Fällen haben wir es zu tun mit der schwungvollen umgekehrten Perspektive in der Behandlung der abgebildeten Innen- und Außenarchitektur, die die Motive nicht auf den Betrachter zukommen läßt, wie die Zentralperspektive der Renaissance, sondern die ihn hineinzieht in den Bildraum.

Hier haben wir auch die auffällige baldachinähnliche Überspannung der Himmelsflächen mit flatternden roten Ehrentüchern oder die saftige Körperlichkeit und rotierende, über die Einzelpersonen hinausgreifende – ganze Personengruppen einbeziehende – Bewegungsschwünge. Dies alles verbindet ebenfalls die Bilder in dem serbischen Kloster mit denen der konstantinopolitanischen Kirche. Es handelt sich um einen Stil, der mit der hauptstädtischen Kunst seiner Zeit in engem Zusammenhang steht.

– Beispiele: Wandmalereien im Protaton Karyes (Pansélinos). Katholikón Jéra Moni Chilandaríou: von Übermalungen freigelegte Wandmalerei (vgl. Farbtafel 12) um 1319/20 (Astrapas und Ewtychios), Georgskapelle. Einige Gemälde im Katholikón von Watopédi von 1312 (1819 aufgefrischt).

– Charakterisierung: Lebendige wogende Bewegtheit, körperlich plastische Fülle, gebauschte Gewänder mit rundlich schwingender Faltenform, starke Betonung des Gefühlsausdruckes.

Ich meine, daß diese Tendenz vom Ausdruck her eher der liturgisch-rituellen Seite der orthodoxen Frömmigkeit zuzuordnen ist. Die Bewegtheit der heiligen Gestalten entspricht den weit ausholenden Bewegungen der orthodoxen Priester bei den rituellen Handlungen, auch der schwungvollen Art, wie sich die Mönche im Gottesdienst bekreuzigen und verneigen.

Sogenannte kretische Schule – Ausdruck hesychastischer Lichtmystik

Die Maler, die diese Richtung vertreten, stammen tatsächlich aus Kreta, das damals venezianisch besetzt war. Doch verbergen sich unter der Bezeichnung »kretisch« zwei recht unterschiedliche Tendenzen.

Zum einen ist damit das malerische Herausarbeiten der Gestalten durch aufgesetzte Schatten und vor allem Lichter gemeint: Das Licht kommt nicht von außen, sondern scheint von innen heraus aus dem Dargestellten herauszustrahlen. Für diese Richtung steht vor allem Theóphanes, der Kreter, mit seinen Söhnen. Aus den Traditionen dieses Umfelds hat dann

Theotocopuli (El Greco, 1541–1614) seinen eigenen expressiven Stil geformt.

Zum anderen ist insbesondere der kretischen Ikonenmalerei ein ausschmückendes, sehr dekoratives Element eigen. Graphisch dekorative Darstellungen haben sich dann später auf dem Athos durchgesetzt und im 18. Jh. mit barocken Elementen verbunden. Diese späte Kunst weist eine eigenartige Theatralik auf: Die Figuren scheinen übersteigert zwischen kulissenähnlichen Versatzstücken zu agieren. Spurenhaft angelegt ist diese Tendenz aber schon in manchen Darstellungen des 16. und 17. Jhs.

– Beispiele: Méjisti-Láwra-Trápeza 1512, Katholikón 1535 (Theóphanes der Kreter), Nikólaoskapelle 1560 (Phrangos Katelanos). Stawronikíta-Katholikón 1546 (Theóphanes). Xenophontos, altes Katholikón und Isonarthex von 1544 (Antonios). Dionysíou-Katholikón 1568 (Tzortzis aus Kreta). Dochiaríou-Katholikón 1568 (Tzortzis). Philothéou-Trápeza 1540.

– Charakterisierung: Hagere, asketische, überlange Gestalten; Herausarbeitung der anatomischen Merkmale, vergeistigte Gesichter, malerische Wirkungen, aufgesetzte Lichter auf Gesichtern und Gewändern, spitze und eckige Faltenwürfe, Neigung zum Dekorativen. Gerade das mystische Licht in den Bildern von Theóphanes, von dem man nicht so recht weiß, woher es eigentlich kommt, drückt etwas von der Gestimmtheit des hesychastischen Mystikers aus.

Die zwanzig Klöster mit ihren Besonderheiten

Méjisti Láwra (Erstes Kloster in der hierarchischen Ordnung)

Weihe: Mariae Heimholung (15. August)/Athanasios, der Athonit (5. Juli).
Verfassung: Kinowitisch (war bis in die 70er Jahre hinein idiorrhythmisch).
Nationalität der Mönche: Griechisch.
Lage: Großkloster an der Südostspitze, unmittelbar östlich des Athosgipfels – 20 Gehminuten vom Meer entfernt.

59 Aus dem Apokalypsezyklus von 1854 im Exonarthex des Katholikón von Láwra. Den Untieren sind die Augen ausgekratzt. Man fürchtete ihren bösen Blick

ΚΕΦ

Gründung: 963 nach Christus durch Athanasios. Er folgte mit der Gründung einem Wunsch des späteren Kaisers Nikephóros Phokas. Ältestes Kloster des Heiligen Berges.
Trikonchos Katholikón: Fresken von 1535 im Stil der sog. kretischen Schule des Theóphanes. Ausmalung des inneren und äußeren Narthex von 1854.
Kapellen: Nikólaoskapelle, rechts vom Exonarthex des Katholikón von 1360; Fresken erneuert 1560 von Phrangos Katelanos: Christi Himmelfahrt, göttliche Liturgie. Georgskapelle mit Fresken. Ikone Portaitissa/ Koukouzelissa in der Kapelle der Koukouzelissa, die auch das Skewophylakion (Schatzkammer) beherbergt. 40 Märtyrer, links vom Exonarthex mit Grab des Athanasios. Insgesamt gibt es 17 Kapellen im Klosterkomplex.
Trápeza: Fresken von 1512 im kretischen Stil: Mystisches Mahl, mönchische Himmelsleiter, Wurzel Jesse, 24 Szenen des Akathistos-Hymnos, sieben ökumenische Konzile, neun griechische Philosophen.
Ikonen: Wundertätige Marienikone Koukouzelissa; Oikonomissa, thronende Gottesmutter (Exonarthex 18. Jh.).
Handschriften: 2046 Exemplare.
Skewophylakion (Schatzkammer): Krone des Kaisers Nikephóros Phokas, Kreuzesreliquien u. a. m.
Besonderheiten: Größte Phiali mit Geländer aus ehemaligen Brüstungsplatten einer steinernen Bilderwand neben der 1000jährigen, vermutlich von Athanasios selbst gepflanzten Zypresse.

Watopédi (Zweites Kloster in der hierarchischen Ordnung)

Weihe: Mariae Verkündigung (25. März).
Verfassung: Idiorrhythmisch.
Nationalität der Mönche: Griechisch.
Lage: Großkloster, meeresnah an einer Bucht, in der Mitte der Nordostküste nördlich von Karyes.
Gründung: Ende 10. Jh. (nach 972, vielleicht kurz vor 985) auf Veranlassung von Athanasios, dem Athoniten durch Athanasios, Nikólaos und Antonios – alle aus Adrianopolis.
Trikonchos Katholikón: Goldmosaiken aus dem 12. Jh. (1312?): Der Erzengel Gabriel und Maria der Verkündigung flankieren den Durchgang

vom Exo- zum Isonarthex, Deisis im Tympanon darüber. Einschneidende Restaurierung 1798. Kuppel mit göttlicher Liturgie von 1584. Die meisten Wandmalereien entstanden im 14. Jh., wurden aber 1739 und 1819 übermalt. Narthex: Christus als Engel des großen Rates. Offener Exonarthex mit Akathistos-Hymnos aus dem 14. Jh., überarbeitet 1819.
Kapellen: 21 Kapellen, viele mit Wandfresken - z. B. Trinität (1864), Ajía Zoni (mit Gürtelreliquie der Gottesmutter), Kosmas und Damianos, Täufer, Andreas Georg.
Trápeza: 12. Jh., ausgemalt 1786.
Ikonen: Spätbyzantinische Mosaikikone der Kreuzigung mit Festbildreliefs auf der Abdeckung. Mosaikikone der heiligen Anna mit dem Marienkind aus dem 13./14. Jh. mit Darstellungen der Erzengel und der Etimasía auf dem Rahmen, wundertätige Marienikone Wimatarissa, Marienikonen Parammythia, Esphagmeni, Elaiowrytis, Antiphonitria, Klitorissa.

60 Ein Engel rollt den Himmel zusammen wie ein Buch (Offenbarung Johanni). Wandgemälde im Exonarthex von Watopédi

61 Moderne Kopie der Ikone Portaitissa von Íwiron. Der Überlieferung nach wurde ihr die Wunde auf der Wange von einem arabischen Piraten beigebracht. Als er mit dem Schwert zugeschlagen hatte, begann die Wunde zu bluten. Tödlich erschrocken fiel der Pirat auf die Knie und entschloß sich, Mönch zu werden

Handschriften: Mehr als 1700 Exemplare. Oktateuch Fol 417r (13. Jh.).
Skewophylakion (Schatzkammer): Kreuzesreliquien, Schädelreliquien von Gregor von Nazianz, Teil des Essigschwamm-Schilfrohres (Kreuzigung).
Besonderheiten: Gürtel der Panajía in der Kapelle Ajía Zoní, steinerne Bilderwand aus ikonoklastischer oder vorikonoklastischer Zeit zwischen den Arkaden des Exonarthex des Katholikón.

Íwiron (Drittes Kloster in der hierarchischen Ordnung)

Weihe: Mariae Heimholung (15. August).
Verfassung: Idiorrhythmisch.
Nationalität der Mönche: Ursprünglich georgisch (iberisch), jetzt griechisch.
Lage: Großkloster über kleiner Bucht an der Nordostküste, östlich von Karyes (ca. 1½ Stunden zu Fuß).
Gründung: 976 durch den Kaukasier Johannes Tornikios, mit Unterstützung der Kaiserin Theóphano (zwischen 979 und 984).
Trikonchos Katholikón: Erbaut Mitte des 11. Jhs., 1513 renoviert. Marmorner Fußboden, geometrisch gemustert, aus der Entstehungszeit. Wandmalereien aus dem 16. bis 19. Jh.
Kapellen: 16, davon vier mit Fresken: Nikólaos (1846) rechts und Erzengel links vom Exonarthex. Kapelle der Portaitissa-Ikone (Pförtnerin) von 1683, Narthex 1774 mit Heiligen, sechs griechischen Weisen, mit Alexander dem Großen und Darius. Johannes Prodromos, ausgemalt 1714.
Trápeza: Erneuert und ausgebaut 1848.
Ikonen: Portaitissa – wundertätige Marienikone (eine der drei Schutzpatroninnen des Heiligen Berges).
Handschriften: Über 2000.
Skewophylakion (Schatzkammer): Goldbestickte Paramente, Abendmahlsgeräte, liturgische Gewänder.

Chilandaríou (Viertes Kloster in der hierarchischen Ordnung)

Weihe: Mariae Tempelgang (21. November).
Verfassung: Idiorrhythmisch. Im Übergangsstadium zur kinowitischen Lebensform.
Nationalität der Mönche: Serbisch.

Lage: Nördlichstes Kloster der Nordostküste, in einer Talmulde unweit der Küste, aber von dort aus nicht zu sehen.
Gründung: 1197 durch den serbischen Herrscher Stephan Nemanja. Nach seiner Abdankung trat er in das Kloster als Mönch unter dem Namen Symeon ein – zusammen mit seinem Sohn Rastko, der unter seinem Mönchsnamen Sawa bekannt geworden ist. (Vermutlich eine Neugründung; das Kloster soll schon vor 1015 bestanden haben.)
Trikonchos Katholikón: Erbaut Anfang des 14. Jhs. Außerordentlich wertvolle Malerei der sog. makedonischen Schule von 1319/20, leider übermalt um 1804. In neuerer Zeit werden die alten Fresken nach und nach wieder freigelegt und restauriert, u. a. Darstellungen aus der Mariengeschichte, Festbilder, Symeon der Stifter, Johannes V. Palaiologos, Andronikos II. Marmorboden, geschnitzte Bilderwand von 1774.
Kapellen: Elf, davon zehn mit Fresken aus dem 14. bis 18. Jh. – darunter Mariae Schutzmantel, des heiligen Sawa, Mariae Geburt, des Fürsten Lazar, der Heiligen Apostel (Barock).

62 Blick in den Innenhof von Jéra Moni Chilandaríou, Nummer Vier in der hierarchischen Rangordnung der Athosklöster

Trápeza: 1623 ausgemalt vom Mönch Georg Mitrofanowic. Darstellung der Himmelsleiter des Johannes Klimakos. Unter der Decke Fries mit dem Akathistos-Hymnos. Szenen aus dem Leben des heiligen Sawa. Im Arkadengang davor: späte Darstellungen der ökumenischen Konzilien.
Ikonen: Wundertätige Ikone der Panajía Tricherousa, Akathistosikone (beide im Katholikón), Theotokosikone der Maria Odijítria aus Goldmosaik 12. Jh., Ikonen einer Bilderwand aus dem 14. Jh., Ikonen einer klostereigenen Schule.
Handschriften: 181 griechische, 809 slawischsprachige Urkunden. Tetraewanjélion Nr. 572.
Skewophylakion (Schatzkammer): Ein Großteil der Ikonen und Paramente ist in eigenen Räumlichkeiten untergebracht. Außerdem: zwei Kreuzesreliquien, ein Teil der Dornenkrone; Diptychon und Kristallkreuz mit Emailleminiaturen (beide 13. Jh.); Jaspis-Patenen, sog. Panajíarion mit Platytera-Relief (10./11. Jh.); Panajíarion aus Rhinohorn (14. Jh.).
Besonderheiten: Reliefs, vermutlich von einer alten Bilderwand, eingelassen in die Außenmauern des Katholikón.

Dionysíou (Fünftes Kloster in der hierarchischen Ordnung)

Weihe: Geburt Johannes des Vorläufers (Täufers, 24. Juni).
Verfassung: Kinowitisch.
Nationalität der Mönche: Griechisch.
Lage: Malerisch hoch oben auf einem 80 m hohen Steilfelsen, unmittelbar über dem Meer gelegen. Im südlichen Teil der Südwestküste zwischen Grigoríou und Ajíou Páwlou. Das Katholikón wird vom umgebenden Mauerquadrat eingeschnürt.
Gründung: Vor 1375 vom Mönch Dionysios mit den Spenden des Kaisers Alexios III. von Trapezunt. Dionysios hat auf dem Athos die Lichtmystik verbreitet.
Trikonchos Katholikón: Wiedererrichtet 1537–47. Freskenausstattung von 1547 durch den Malermönch Tzortzis, sog. kretische Schule, u. a. Festtagsbilder, darunter Heimholung Mariae, Heilige, Himmelsleiter. Narthex enthält jüngere Malereien eines rumänischen Malers.
Kapellen: Acht, darunter Akathistoskapelle mit Panajía des Akathistos-Hymnos, Kapelle Ajií Archanggeli mit Synaxisikone und Fresken des ausgehenden 16. Jhs.

Trápeza: Eingebaut in den südlichen Flügel: Fresken von 1603 (Maler Daniel und Merkourios, sog. kretische Schule): Darstellungen der Himmelsleiter, Verstoßung Luzifers in Verbindung mit der Synaxis der Engel. Im Portikus älteste Apokalypse nach Holbein (vor 1568, erneuert 1602), Synaxis der Engel. Westwand: Wiederkunft Christi.
Ikonen: Wundertätige Panajía des Akathistos/Akawstos/Myrowlytissa (Wachs, Silberverkleidung, Stiftungswidmung von Alexios III. Komnenos an Klostergründer Dionysios auf der Rückseite), Synaxis der körperlosen Kräfte (16. Jh.) in der gleichnamigen Kapelle; fünf große Deisisbilder von 1805–18 an der Bilderwand des Katholikón.
Skewophylakion (Schatzkammer): Elfenbeinrelief der Kreuzigung (10. Jh.); Epitaphiostuch (16. Jh.); Kreuz der Eleni Paläolojina; Paramente, Kirchengeräte, Goldsiegelbullen.
Handschriften: 804 Exemplare. Ewanjélion-Kodex 587 (11. Jh.).
Besonderheiten: Stiftungsurkunde des Klosters – Goldbulle des Alexios III. von Trapezunt (1375).

Koutloumousíou (Sechstes Kloster in der hierarchischen Ordnung)

Weihe: Metamorphosis (Verklärung) Christi (6. August).
Verfassung: Kinowitisch.
Nationalität der Mönche: Griechisch. Früher teils griechisch, teils rumänisch.
Lage: Auf dem 650 m hohen Bergrückgrad der Halbinsel, unweit der Hauptstadt Karyes.
Gründung: Vor 1169, eventuell bereits im 11. oder 10. Jh.
Trikonchos Katholikón: Gebaut 1540. Fresken der sog. kretischen Schule von 1540, u. a. Platytera (Diakonikón), Kreuzigung (Westwand); später Übermalungen. Im Isonarthex u. a. Georg von Joaninna, 19. Jh. Im Exonarthex Platytera (1744) sowie Gottesmutter des Leidens, Paradiesgarten (1744).
Nebenkapellen: Sieben; davon wichtig die der furchterweckenden Beschützerin von 1733 (links neben dem Isonarthex des Katholikón). Die Kapelle für Natalia im Archontariki besitzt Wandmalereien.
Trápeza: Erbaut nach 1767, gegenüber der Fassade des Katholikón.
Ikonen: Wundertätige Panajía Phoweras Prostasias (furchterweckende Beschützerin).

Handschriften: 662 Exemplare.
Skewophylakion (Schatzkammer): Ikonen, Paramente, eucharistische Geräte.
Besonderheiten: Zum Kloster gehört das Kellion (Zelle) Johannes des Täufers in Karyes, ehemals Domizil des Verfassers des Malerhandbuches.

Pantokrátoros (Siebtes Kloster in der hierarchischen Ordnung)

Weihe: Metamorphosis (Verklärung) Christi (6. August).
Verfassung: Idiorrhythmisch.
Nationalität der Mönche: Griechisch.
Lage: Burgartig auf einem Felsen, oberhalb des Meeres über einem kleinen Hafen, hinter einer byzantinischen Brücke; im Mittelteil der Nordostküste zwischen Watopédi und Íwiron. Ausgedehnter, unregelmäßiger, mehreckiger Innenhof mit Apfelsinenbäumen, umgeben von Wohn- und Wirtschaftstrakten mit leuchtend farbigen Veranden. Das Katholikón ist ganz in den Norden des Hofes gedrückt.
Gründung: Urkundlich 1363 nachgewiesen.
Trikonchos Katholikón: Ein Bau des 14. Jhs. mit stark herausgearbeiteten und überkuppelten Absidiolen. Fresken aus dem 14. Jh., übermalt 1854. Nicht übermalt wurden Deisis und Kimisis (Heimholung Mariae) sowie einige Heilige, z. B. Antonios.
Nebenkapellen: Kimisis-Theotokou-Kapelle mit Wandmalereien (1538), links vom Isonarthex.
Trápeza: 1741 in die Umfassungsgebäude eingebaut – gegenüber dem Katholikón; 1749 ausgemalt.
Ikonen: Wundertätige Ikone der Gottesmutter ohne Kind Jerontissa (modern); Deisis-Diptychon.
Handschriften: 350 Exemplare. Psalter Nr. 61 mit Randillustrationen (Tetraewanjélion).

Xiropotámou (Achtes Kloster in der hierarchischen Ordnung)

Weihe: Vierzig Märtyrer von Sewastia (9. März) sowie Kreuzerhöhung (14. September).
Verfassung: Kinowitisch (war bis in die 70er Jahre hinein idiorrhythmisch).

63 Einige der 24 Ältesten aus der Offenbarung Johanni. Ausschnitt aus einem Fresko im Exonarthex von Jéra Moni Xiropotámou, 1783

Nationalität der Mönche: Griechisch.
Lage: In der Mitte der Südwestküste, oberhalb des Hafens Daphni, an der Straße nach Karyes neben einem tief eingeschnittenen Bachtal.
Gründung: Ende des 10. Jhs. durch den Mönch Pawlos Xiropotámenos, oder durch Kaiser Romanos III. (1028–34).
Trikonchos Katholikón: 1761–63, ausgemalt 1783. Im Exonarthex eigenständige und interessante postbyzantinische Variationen des Freskenzyklus der Apokalypse (Offenbarung) Johanni von 1783.
Kapellen: Sieben im Klosterbereich. Links und rechts vom Exonarthex für Konstantin und Helena; für die Erzengel (beide mit Fresken); in den vier Ecken des Klosters für die Kreuzerhöhung (Fresken!), für Johannes Prodomos (Vorläufer = Täufer), für die Heimholung der Mutter Gottes, für Theodosios und Georg.
Trápeza: Große Anlage unmittelbar gegenüber dem Katholikón, mit Querschiff direkt hinter dem Eingang. 1859 von Malermönchen des Athos ausgemalt.
Ikonen: Wundertätige Ikone der 40 Märtyrer von Sewastia.
Handschriften: 409 Exemplare.
Skewophylakion (Schatzkammer neben der Bibliothek): Größtes Stück vom heiligen Kreuz mit Nagelspuren, sog. Diskos (Abendmahlsteller/Panajiárion) der Pulcheria, Bischofsstäbe aus Bernstein, Paramente, liturgische Geräte.

Zográphou (Neuntes Kloster in der hierarchischen Ordnung)

Weihe: Ajíos Jiorjios (Georg, 23. April).
Verfassung: Kinowitisch.
Nationalität der Mönche: Bulgarisch.
Lage: Nördlichstes Kloster der Südwestküste, am Rande einer Schlucht, oberhalb der See am Berghang. Von der See aus nicht zu sehen. Eine knappe Stunde Weges von der Anlegestelle.
Gründung: Vor 1270 an der Stelle eines bereits 300 oder 400 Jahre bestehenden Kellions.
Trikonchos Katholikón: Errichtet 1801 mit aus rotem Form- und weißem Naturstein ausgeführten Mauern. Ausmalung 1817. Der verglaste Narthex mit auffällig barocken Darstellungen der Apokalypse entstand um 1840.

Nebenkapellen: Acht, darunter Kapelle der Panajía des Akathistos-Hymnos mit Fresken (1780). Mit neueren Wandmalereien: Für die Verklärung (1869), für Johannes den Täufer und für Dimitrios.
Trápeza: Gegenüber dem Katholikón, ohne Fresken.
Ikonen: Achiropíitosikone des heiligen Georg (altslawisch, 12./13. Jh.); wundertätige Panajía Proanggomeni; Panajía des Akathistos-Hymnos.
Handschriften: 126 griechische und 388 slawische Exemplare.

Dochiaríou (Zehntes Kloster in der hierarchischen Ordnung)

Weihe: Ursprünglich Nikólaos, Bischof von Myra (6. Dezember), später aufgrund eines Wunders der Synaxis (Zusammenkunft) der Erzengel (8. November).
Verfassung: Kinowitisch (war bis in die 80er Jahre hinein idiorrhythmisch).
Nationalität der Mönche: Griechisch.
Lage: Im nördlicher gelegenen Teil der Südwestküste, direkt am Meer. Erstes Kloster, das mit dem Boot von Ouranopolis aus direkt angefahren wird.
Gründung: Der Überlieferung nach Anfang 11. Jh. (1046) durch Ewthymios, einen Freund von Athanasios. 1092 wird die Existenz der Jéra Moni Dochiaríou urkundlich erwähnt.
Trikonchos Katholikón: Kuppel und Gewölbe in postbyzantinischem Goldmosaik. Alle Darstellungen, die dem Kreter Tzortzis zugeschrieben werden, stammen von 1568; Erneuerungen wurden 1855 vorgenommen. Im Isonarthex (Eisonarthex) Himmelsleiter des Johannes Klimakos (1568). Im Exonarthex Tod des heiligen Ephraim. Kirche und Vorhalle enthalten ein theologisch gut durchdachtes Bildprogramm, das weitgehend mit den Vorschlägen im Malerhandbuch übereinstimmt. Holzgeschnitzte Bilderwand (1783); geschnitztes Ziborium überwölbt den Altar.
Kapellen: Sechs, darunter die wichtige Kapelle der Gorgoypekoos zwischen Katholikón und Trápeza.
Trápeza: 26 m langer Bau mit Querschiff an der Stirnseite. Innen halbrunde, außen oktogonal ummantelte Apsis, Kanzel an der Ecke des Längsschiffes zum Querschiff. Flache Holzdecke. Malereien (ca. 1700 und später) gut erhalten: Auf Pfauenthron sitzende Panajía zwischen stehenden Engeln (1676); Darstellungen der Apokalypse von 1667 nach dem Septem-

bertestament Luthers von 1522; Szenen aus dem Akathistos-Hymnos; Szenen aus der Legende des heiligen Sawa mit Darstellungen der Athoslandschaft. Im Verbindungstrakt zwischen Katholikón und Trápeza in der Kuppel Pantokrator, umgeben von der Geisterwelt. An einer Wand: Erschaffung der Welt.
Ikonen: Wundertätige Panajía Gorgoypekoos/Gorgoepikousa (Wandfresko mit Gold-Endyma = Ikonenabdeckung).
Handschriften: 441 Exemplare (Bibliothek im obersten Stockwerk des Turmes), Minolojion Nr. 5 mit Miniaturen.
Besonderheiten: Reliefs in volkstümlich-naivem Stil, eingelassen in die Außenmauer des Katholikón: Greifvogel, ornamentale Muster, Darstellung der Himmelfahrt Alexanders des Großen.

Karakállou (Elftes Kloster in der hierarchischen Ordnung)

Weihe: Apostel Petrus und Paulus (29. Juni).
Verfassung: Kinowitisch.
Nationalität der Mönche: Griechisch.
Lage: Kleines Kloster mit beschränktem Hofraum (keine Phiáli) im südlicheren Teil der Nordostküste zwischen Íwiron und Láwra, an einem Hang über dem Meer.
Gründung: 1018 und gegen 1070 urkundlich bezeugt.
Trikonchos Katholikón: Errichtet nach 1548–63. Malerei Hauptschiff 1707 mit u.a. Umarmung von Petrus und Paulus. Zoodóchos Pijí, interessante Anastasis. Isonarthex 1750: Noahzyklus. Exonarthex 1763: Apokalypse.
Kapellen: Sieben; vier davon in neuerer Zeit ausgemalt.
Trápeza: 1875 eingebaut in den Südflügel.
Ikonen: Zwölf-Apostel-Ikone (1722) des Malermönches Dionysios von Phourna (Verfasser des Malerhandbuches), Kuß von Petrus und Paulus (1640), Beschneidung Christi.
Handschriften: 279 Exemplare.

Philothéou (Zwölftes Kloster in der hierarchischen Ordnung)

Weihe: Mariae Verkündigung (25. März).
Verfassung: Ursprünglich idiorrhythmisch, seit 1. 10. 1973 kinowitisch.
Nationalität der Mönche: Griechisch.

Lage: An der Nordostküste zwischen Iwiron und Lawra, auf einer Hochebene nördlich des Athosgipfels (2½ Stunden zu Fuß von Karyes).
Gründung: Kurz vor 992 durch Philotheos, Arsenios und Dionysios.
Trikonchos Katholikón: 1746, Ausmalung zwischen 1752 und 1848. Ungewöhnlich ist der Turm mit quadratischem Grundriß, der sich über dem Hauptportal erhebt.
Kapellen: Sechs, davon zwei neben dem Exonarthex mit Fresken – links Johannes Prodromos (1776), rechts Erzengel (1752).
Trápeza: Wertvolle, aber schlecht erhaltene Fresken des 16. Jhs.
Ikonen: Wundertätige Marienikone Glykophilousa, Panajía Jerontissa.
Handschriften: 250 Exemplare. Tetraewanjélion mit Darstellung des Evangelisten Markus (Nr. 33).
Skewophylakion (Schatzkammer): Kreuzesreliquie, rechte Hand des Johannes Chrysóstomos, Paramente und Geräte.

Símonos Pétras (Dreizehntes Kloster in der hierarchischen Ordnung)

Weihe: Christi Geburt (25. Dezember).
Verfassung: Kinowitisch.
Nationalität der Mönche: Griechisch.
Lage: Im Südteil der Südwestküste, südlich von Daphni. Siebenstöckige malerische Anlage hoch oben am Berghang.
Gründung: Durch den Einsiedler Simon, der ab 1363 durch Spenden des serbischen Königs Johannes Uglitsch unterstützt wurde.
Trikonchos Katholikón: Errichtet nach dem Brand von 1891, ohne Fresken.
Kapellen: Vier, alle ohne Fresken.
Trápeza: Ohne Fresken.
Ikonen: Wurden beim Brand vernichtet.
Skewophylakion (Schatzkammer): Kreuzreliquie, Reliquie der Magdalena und des Dionysios von Zakynthos, Paramente, liturgische Geräte.
Handschriften: Wurden zum größten Teil bei dem Brand 1891 vernichtet.
Besonderheiten: Kapelle Johannes des Theologen mit Wandmalerei von 1702 außerhalb des Klosters.

Ajíou Páwlou (Vierzehntes Kloster in der hierarchischen Ordnung)

Weihe: Ajíos Jiorjios (Georg, 23. April), auch (seit jüngerer Zeit) der Darbringung Christi (2. Februar).

64 Das Kloster Ajíou Páwlou

Verfassung: Seit 1840 kinowitisch.
Nationalität der Mönche: Griechisch, früher lebten viele serbische Mönche im Kloster.
Lage: Südlichstes Kloster der Südwestküste, im Nordosten des Gipfels – in einer Wildbachrinne – mehrstöckig auf einem Felsen gebaut, 20 Gehminuten oberhalb des Meeres, 1½ Stunden von Dionysíou.
Gründung: Vermutlich Mitte 10. Jh. zunächst als Mönchszelle; wird 1259 in einer palaiologischen Goldbulle als bestehendes Kloster erwähnt, seine Besitztümer werden bestätigt.
Trikonchos Katholikón: Errichtet 1939 bis 1944; ohne Wandmalereien.
Kapellen: Zwölf, davon besonders wichtig die Georgskapelle links am Isonarthex des Katholikón mit Wandmalerei von Andronikos aus Byzanz, ausgeführt 1423; 1425 geweiht, 1555 restauriert. Petrus und Paulus in Umarmung, Pachomios und der Engel. Festtagsbilder (Lazarus, Verklärung).

Trápeza: Ohne Malerei.
Ikonen: Sogenannte Kathrewtis (Panajía Myrowlytissa); Deisis mit Jiorjios (Georg) und dem Klostergründer Pawlos (1423/25); Erzengel Michaíl (16. Jh.) in der Bibliothek.
Handschriften: 494 Exemplare.
Skewophylakion (Schätze in der Bibliothek): Myrrhen der Magier aus dem Morgenland; Zweiflügel-Tragaltar (Diptychon) mit Miniaturen und Tropfenkreuz mit Gold-Emaille-Miniaturen der Festtagsbilder – beide aus der ersten Hälfte des 13. Jhs.

Stawronikíta (Fünfzehntes Kloster in der hierarchischen Ordnung)

Weihe: Nikólaos, Bischof von Myra (6. Dezember).
Verfassung: Früher idiorrhythmisch, unlängst kinowitisch geworden.
Nationalität der Mönche: Griechisch.
Lage: Im Mittelabschnitt der Nordostküste zwischen Pantokrátoros und Iwiron. Kleinstes der 20 Klöster. Das Katholikón wird unmittelbar von den Wirtschaftsgebäuden umdrängt. Das Kloster selbst liegt burgartig über dem Meer.
Gründung: 1552 vom Patriarchen Jeremias (bestehend als Kleinkloster seit vor 1012; 1541 zum Großkloster erhoben).
Trikonchos Katholikón: Erbaut Mitte des 16. Jhs. Hervorragend restaurierte Fresken von Theóphanes dem Kreter (1546). U. a. Festtagsbilder, sehr viele Heilige – auch an den Hochwänden. Templon *(Bilderwand)* mit Festbildreihe (1743), Vorhalle 1630 angefügt.
Kapellen: Mehrere, darunter die des Johannes Prodromos (rechts an die Trápeza angebaut) mit Fresken.
Trápeza: Im Obergeschoß der Südseite mit Fresken der sog. kretischen Schule. In der Apsis Darstellung des letzten Abendmahles.
Ikonen: Wundertätige Nikólaos-Mosaikikone Stridi (erste Hälfte des 14. Jhs.); Deisis mit Nikólaos und Johannes (um 1650); 12 Ikonen der Hauptfeste an der Bilderwand des Katholikón (1546).
Handschriften: 171 Exemplare.

Xenophóntos (Sechzehntes Kloster in der hierarchischen Ordnung)

Weihe: Ajíos Jiorjios (Georg, 23. April).
Verfassung: Kinowitisch.

65 Mit Balken abgestützte, vorspringende Obergeschosse der Jéra Moni Xenophóntos

Nationalität der Mönche: Griechisch.
Lage: Unmittelbar auf einer niedrigen Anhöhe am Meer, im nördlicheren Teil der Südwestküste, südöstlich Dochiaríou.
Gründung: 1083 urkundlich bezeugt.
Zwei Trikonchos Katholika: Altes Katholikón: Schiff 1544 ausgemalt vom Kreter Antonios – u. a. Einzug in Jerusalem, Heimholung Mariae, Isonarthex 1564, Exonarthex (verbunden mit der Trápeza) 1637 mit Apokalypsezyklus, erneuert im 18. Jh.
Neues Katholikón: Größtes griechisches Katholikón des Athos von 1809–19; keine Wandmalereien, aber wertvolle Ikonen.
Kapellen: 14, davon ausgemalt diejenige für Euphemia, die für Kosmas und Damianos, für die Heimholung Mariae, für Johannes Prodromos (Täufer).
Trápeza: Durch Exonarthex mit Katholikón verbunden. Malereien von 1575 mit nachträglichen Ausbesserungen.
Ikonen: Panajía Odijítria (Panhagia Odigitría) – Abbild der Ur-Odijítria aus Konstantinopel; Mosaikikone von Georg und Demetrius, Deisis mit Aposteln (Ende 16. Jh.).
Handschriften: 279 Exemplare.

Skewophylakion (Schatzkammer): Kreuzesreliquie, Reliquienschreine, Miniaturikone der Verklärung aus Steatit, Paramente.

Grigoríou (Siebzehntes Kloster in der hierarchischen Ordnung)

Weihe: Nikólaos, Bischof von Myra (6. Dezember).
Verfassung: Kinowitisch.
Nationalität der Mönche: Griechisch.
Lage: Im südlichen Teil der Südwestküste zwischen Símonos Pétras und Dionysíou meeresnah auf Klippen errichtet.
Gründung: Erste Hälfte des 14. Jhs.
Trikonchos Katholikón: Erbaut um 1750. Schiff mit Fresken, 1779 gemalt von den Malern Gawriil (Gabriel) und Grigórios; Narthex ausgemalt 1846.
Kapellen: Zehn innerhalb und außerhalb der Mauern.
Trápeza: Einbezogen in den Südtrakt, errichtet in der zweiten Hälfte des 18. Jhs.
Ikonen: Panajía Galaktotrophóusa (Mitte 15. Jh.); Odijítria Pantanassa (1497); Ajíos Nikólaos.
Skewophylakion (Schatzkammer): Kreuzreliquie; Reliquien der Anastasia, zwei goldbestickte Epitaphien, Paramente usw.
Handschriften: 297 Exemplare.
Besonderheiten: Einzige Handschrift des »Hirten des Hermas«.

Esphigménou (Achtzehntes Kloster in der hierarchischen Ordnung)

Weihe: Christi Himmelfahrt.
Verfassung: Kinowitisch.
Nationalität der Mönche: Griechisch.
Lage: An einer Bucht am Meer im Norden der Nordostküste.
Gründung: Anfang 11. Jh. oder Ende des 10. Jhs. durch Pulcheria, die Schwester Romanos III., oder aber durch die heilige Pulcheria bereits im 5. Jh.
Trikonchos Katholikón: Achtkuppelkirche aus Tinosmarmor errichtet 1806–10. Ausmalung: Hauptschiff 1811, Altarraum 1818, Exonarthex 1841, Exonarthex 1845 (Freskenzyklus der Apokalypse Johanni). Reichste geschnitzte und vergoldete Bilderwand (1813 und 1846) des Athos mit Szenen aus dem Alten und Neuen Testament in der untersten Zone.

Kapellen: Acht ohne Wandmalereien, mit Ikonen.
Trápeza: Gegenüber dem Katholikón, errichtet 1810, mit Fresken von 1811 (durch Feuer geschwärzt).
Ikonen: Kleine byzantinische Ikone des ganzfigurigen Christus mit Silberrahmen. Einige Ikonen werden dem Maler Loukas (Papaloukas) zugeschrieben.
Handschriften: 372 Exemplare; Minolojion (Nr. 14) mit 80 Miniaturen.
Skewophylakion (Schatzkammer): Paramente, Kreuze, liturgische Geräte.

Panteleïmonos/Russikón
(Neunzehntes Kloster in der hierarchischen Ordnung)

Weihe: Ajíos Panteleïmon (27. Juni).
Verfassung: Kinowitisch.
Nationalität der Mönche: Russisch.
Lage: Großsiedlung in der Mitte der Südwestküste, westlich Karyes. Typisch russische Anlage im Stil des 19. Jhs.

66 Das russische Großkloster Panteleïmonos, von der See her gesehen

Gründung: Ein russisches Vorgängerkloster namens Xylourgou (heute nur noch eine Skiti) bestand bereits 1169. Ab Ende des 18. Jhs. wurde Panteleïmonos an der heutigen Stelle neu errichtet.
Trikonchos Katholikón: Erbaut 1812–21 mit acht Kuppeln. Wandmalereien im sentimentalen russischen Stil des 19. Jhs.
Kapellen: 13, darunter eine Doppelkirche mit Panteleïmonikone.
Trápeza: Erbaut 1890 für 800 Personen, ausgemalt 1897.
Ikonen: Wundertätige Panteleïmonikone; Mosaikikone Alexander Newskijs; Gottesmutter aus Jerusalem.
Handschriften: 1320 griechische und 600 slawische Exemplare. Das Lektionar (Nr. 2) und der Kodex mit 16 Homilien Gregors des Theologen enthalten zahlreiche Miniaturen.
Besonderheiten: Ein Teil der Kuppeln hat die typisch russische Zwiebelform und ist mit einem russischen Kreuz versehen.

Kastamonítou/Konstamonítou
(Zwanzigstes Kloster in der hierarchischen Ordnung)

Weihe: Protomärtyrer (Apostelgeschichte) Diakon Stephanus (27. Dezember).
Verfassung: Kinowitisch.
Nationalität der Mönche: Griechisch.
Lage: Im nördlichen Teil der Südwestküste zwischen Zographou und Dochiaríou, an einem Hang ½ Stunde vom Meer entfernt und von dort aus nicht zu sehen.
Gründung: Kurz vor oder um 1086.
Trikonchos Katholikón: 1860–71 über den Fundamenten einer älteren Kirche erbaut. Keine Wandmalereien.
Kapellen: Vier; die Konstantinskapelle besitzt volkstümlich naiven Freskenschmuck.
Trápeza: Unbedeutend.
Ikonen: Wundertätige Panajía Antiphonítria; Panajía Odijítria (12. Jh.); Erzmärtyrer Stephanos (vermutlich 8. Jh.); Panajía Portaítissa (Pförtnerin) an der Bilderwand der Kapelle der Gottesmutter.
Handschriften: Lektionar in Gold- und Silberfassung.

Die zwölf Skítes mit ihren Besonderheiten

Skíti Prophítis Ilía

Zugehörig zu Kloster: Jéra Moni Pantokrátoros.
Weihe: Prophet Elias.
Verfassung: Kinowitisch.
Nationalität der Mönche: Russisch.
Lage: Am Berghang oberhalb (ca. 3 km) von Pantokrátoros, leicht nach Westen hin versetzt.
Anlage der Skíti: Klosterähnlich - ein Rechteck von Zellentrakten umgibt das Kyriakó (Kirche).
Weitere Hinweise: Ursprünglich eine Hütte des berühmten Starzen Paisiy Welitschkowskiy, entwickelte sich das Anwesen durch Zuzug von Schülern zu einer Skíti; 1892 vom Patriarchen bestätigt. Zwei wertvolle Marienikonen - die Galaktotrophousa (Milchspendende) und die Glykophilousa (Süßküssende).

Skíti Pródromos

Zugehörig zu Kloster: Méjisti Láwra.
Weihe: Johannes Prodromos (Vorläufer = Täufer).
Verfassung: Kinowitisch.
Nationalität der Mönche: Rumänisch.
Lage: An der Ostspitze des Athoskap Akrathos, etwa 20 Minuten landeinwärts in einer Ebene, ca. 45 Gehminuten südöstlich Méjisti Láwra.
Anlage der Skíti: Klosterähnlich - Rechteck von Zellentrakten umgibt das Kyriakó (Kirche).
Weitere Hinweise: Wundertätige Ikone der Gottesmutter.

Skíti Ajíou Andréa (Serai)

Zugehörig zu Kloster: Jéra Moni Watopédi.
Weihe: Für den heiligen Andreas.
Verfassung: Kinowitisch.
Nationalität der Mönche: Russisch.
Lage: Bei Karyes.

Anlage der Skíti: Klosterähnlich – Rechteck von Zellentrakten umgibt das Kyriakó (Kirche).
Weitere Hinweise: Große Anlage im russischen Stil. Wundertätige Marienikone Odijítria (ebenfalls Abbild der Ur-Odijítria)

Skíti Wogoróditsa

Zugehörig zu Kloster: Jéra Moni Panteleïmonos.
Weihe: Kimisis (Heimholung Mariae).
Verfassung: Kinowitisch.
Nationalität der Mönche: Bulgarisch.
Lage: Am Hang, weit oberhalb des Pfades zwischen Pantokrátoros und Watopédi.
Anlage der Skíti: Klosterähnlich – Rechteck von Zellentrakten umgibt das Kyriakó (Kirche).

Skíti Ewanjelísmou (Xenophontiki)

Zugehörig zu Kloster: Jéra Moni Xenophóntos.
Weihe: Verkündigung Mariä (25. März).
Verfassung: Idiorrhythmisch.
Nationalität der Mönche: Griechisch.
Lage: Am Hang oberhalb von Panteleïmonos.
Anlage der Skíti: Dorfähnlich – einzelne Hütten scharen sich um das Kyriakó (Kirche).
Weitere Hinweise: Kyriakón mit Wandmalereien entstanden um 1780.

Néa Skíti

Zugehörig zu Kloster: Ajíou Páwlou.
Weihe: Geburt der Gottesmutter.
Verfassung: Idiorrhythmisch.
Nationalität der Mönche: Griechisch.
Lage: Am Meer, etwas südöstlich unterhalb Jéra Moni Ajíou Páwlou.
Anlage der Skíti: Dorfähnlich – einzelne Hütten scharen sich um das Kyriakó (Kirche).

Weitere Hinweise: Die Mönche leben von Ikonenmalerei und Holzschnitzerei. Bibliothek mit 200 Handschriften.

Skíti Ajías Annas

Zugehörig zu Kloster: Jéra Moni Méjisti Láwra.
Weihe: Für Anna, die Mutter Marias.
Verfassung: Idiorrhythmisch.
Nationalität der Mönche: Griechisch.
Lage: Etwa 500 m hoch über dem Südkap Nypheon, Am Steilabhang des Athosgipfels.
Anlage der Skíti: Dorfähnlich - einzelne Hütten scharen sich um das Kyriakó (Kirche).
Weitere Hinweise: Die Mönche leben von Malerei und Schnitzerei, üben auch etwas Landwirtschaft und Fischfang aus. Die Skíti besitzt eine Reliquie der heiligen Anna, der Mutter Marias.

67 Ajíos Dimitrios (Sankt Demetrius), Wandgemälde in Jéra Moni Xiropotámou

Skíti Ajíou Dimítriou (Lakkoskíti)

Zugehörig zu Kloster: Jéra Moni Ajíou Páwlou.
Weihe: Für Dimitrios (Demetrius, 26. Oktober).
Verfassung: Idiorrhythmisch.
Nationalität der Mönche: Griechisch und rumänisch.
Lage: Am Berghang zwischen Jéra Moni Karakállou und Jéra Moni Méjisti Láwra.
Anlage der Skíti: Dorfähnlich – einzelne Hütten scharen sich um das Kyriakó (Kirche).
Weitere Hinweise: Bibliothek mit gedruckten Büchern in rumänischer Sprache.

Skíti Joánnou Waptistís (Skíti Íwiron)

Zugehörig zu Kloster: Íwiron.
Weihe: Für Johannes den Täufer.
Verfassung: Idiorrhythmisch.
Nationalität der Mönche: Griechisch.
Lage: Oberhalb von Íwiron am Hang.
Anlage der Skíti: Dorfähnlich – einzelne Hütten scharen sich um das Kyriakó (Kirche).
Weitere Hinweise: Das Kyriakó entstand 1779 und wurde 1799 ausgemalt.

Skíti Panteleïmonos (Skíti Koutloumousíou)

Zugehörig zu Kloster: Koutloumousíou.
Weihe: Für den heiligen Arzt Panteleïmon.
Verfassung: Idiorrhythmisch.
Nationalität der Mönche: Griechisch.
Lage: Unweit Koutloumousíou, unterhalb des Klosters, am Hang in Richtung Küste.
Anlage der Skíti: Dorfähnlich – einzelne Hütten scharen sich um das Kyriakó (Kirche).
Weitere Hinweise: Bibliothek mit 40 Handschriften. Zwei Kreuzreliquien.

Skíti Ajíou Dimítriou

Zugehörig zu Kloster: Watopédi.
Weihe: Für den Soldatenheiligen Demetrios (26. Oktober).
Verfassung: Idiorrhythmisch.
Nationalität der Mönche: Griechisch.
Lage: Hoch am Berghang im Südosten von Watopédi, westlich der Skíti Wogoroditsa.
Anlage der Skíti: Dorfähnlich - einzelne Hütten scharen sich um das Kyriakó (Kirche).
Weitere Hinweise: Große Bibliothek mit 73 Handschriften.

Skíti Kawsokalýwia

Zugehörig zu Kloster: Jéra Moni Méjisti Láwra.
Weihe: Ajía Triada (Trinität).
Verfassung: Idiorrhythmisch.
Nationalität der Mönche: Griechisch.
Lage: Etwas oberhalb des Meeres, am östlichen Steilabhang des Athosgipfels, nordöstlich der Skíti Ajías Annas.
Anlage der Skíti: Dorfähnlich - einzelne Hütten scharen sich um das Kyriakó (Kirche).
Weitere Hinweise: Die Mönche malen Ikonen und schnitzen Kreuze und Heiligenbilder.

Weitere Siedlungen

Karyes
Hauptort der Insel mit Verwaltungsgebäuden, einfachen Läden und Handwerksbetrieben.
Mittelpunkt ist die älteste erhaltene Athoskirche, die nicht überkuppelte Kreuzkirche Protaton.
Weihe: Heimholung Mariae (wie das Lawrakloster!).
Gründung: Zeit der Ersterrichtung unbekannt, Erweiterung unter Athanasios, dem Athoniten, zur Zeit der Errichtung von Láwra (um 963). Der heutige spätbyzantinische Freskenschmuck (makedonische Schule) wird Manouíl Pansélinos aus Thessaloniki zugeschrieben, der nach neuerer

Auffassung im 14. Jh. (nach älterer Auffassung im 15. Jh.) wirkte. Gründliche Restaurierung zwischen 1540 und 1686.
Ikonen: Axión estin – berühmteste wundertätige Ikone Griechenlands; Eleousa (Dexiokratousa) – getreue moderne Kopie danach. Dreiteilige Deisis (16. Jh.). Kimesis (17. Jh.) an der Bilderwand.
Bibliothek des Protaton in einem Turmraum: 117 Handschriften, darunter der Tragos (Typikon mit Verfassung für den Ajíon Oros). Das Kellion Joannis Prodromou, zum Jéra Moni Koutloumousíou gehörig, hat Fresken von Dionysios von Phourna (1701), dem Verfasser des Malerhandbuches (Ermenía).

Hafen Daphni
Anlegestelle, Post und Telefon, einfache Gaststätte, Polizeistation, mehrere Geschäfte. Bootsverbindung Richtung Ouranopolis und Richtung Skíti Ajía Anna. Einmal täglich Busverbindung nach Karyes.

Kellion Molywoklisia
½ Stunde nordwestlich von Karyes. Wandmalereien der sog. kretischen Schule.

Anhang

Informationen und Übersichten

Bedingungen für einen Besuch des Athos

»Der Besuch des Athos sollte ... Personen mit religiösem Interesse, in zweiter Linie erst solchen mit theologischen, künstlerischen oder wissenschaftlichen Neigungen vorbehalten bleiben. Frauen ist der Zutritt verwehrt ...«
Aus einem Merkblatt des Generalkonsulates der Bundesrepublik in Thessaloniki

Der nicht-orthodoxe Besucher muß sich auch darüber im klaren sein, daß er zwar von allen Klöstern aufgenommen, beherbergt und beköstigt wird, in der derzeitigen Situation aber durchaus nicht in allen Klöstern wohlgelitten ist. Manche Klöster fühlen sich durch die fremden Besucher überfordert und lassen dies den Gast mehr oder weniger deutlich spüren. Zur Zeit ist die Einreise auf das Territorium der Athoshalbinsel auf täglich zehn fremde Besucher, die das 21. Lebensjahr erreicht haben müssen, beschränkt. Die Einreiseerlaubnis (das Diamonitírion) wird für vier Tage ausgestellt. An- und Abreise sind darin eingeschlossen.

Für Nicht-Orthodoxe erforderliche Papiere: Empfehlungsschreiben des zuständigen Generalkonsulates in Thessaloniki bzw. der Botschaft in Athen.
Deutschland: Generalkonsulat Odos Karolou Diehl 4 A, POB 10515, 54110 Thessaloniki, Tel. (0 03) 0 31–26 33 15. Mo.–Fr. vormittags geöffnet, Ausstellung des Briefes gegen Gebühr.
Österreich: Generalkonsulat Nea Krini Odos Miaoulis 7, 54110 Thessaloniki Nea Krini, Tel. 0 31–23 65 00, 22 81 84.
Schweiz: Botschaft Odos Iassiou 2, Athen, Tel. 01–7 23 03 64/5/6, 7 24 91 30.
Das Schreiben wird während der Dienststunden *persönlich* übergeben.

Persönliche Vorsprache ist unerläßlich! Einen Anspruch auf den Besuch des Athos begründet das Empfehlungsschreiben nicht. Für Hauptbesuchszeiten (Ostern und Sommermonate), für die das zugelassene Besucherkontingent oft schon monatelang im voraus ausgebucht ist, empfiehlt sich eine schriftliche Voranmeldung über das Konsulat (Fotokopie der ersten beiden Seiten des Reisepasses, Mitteilung von Geburtsdatum und Beruf. Begründung des Besuchswunsches).

– Einreiseerlaubnis ausgestellt vom Ministerium für Makedonien und Thrakien, Odos Ajíou Dimitriou, Zimmer 218, Thessaloniki, Tel.: 270–092.

Der freundlichen, deutschsprechenden Sachbearbeiterin, Frau Katherina Kallidopoulou, wird das Schreiben des Konsulates vorgelegt. Öffnungszeiten Mo.–Fr. 11–14 Uhr. Die Erlaubnis kann nur im Rahmen der zugelassenen Kontingentierung erteilt werden. Einsprüche gegen eine Ablehnung sind nicht möglich.

Griechische Staatsangehörige bedürfen keiner Sondererlaubnis, doch wird die Aufenthaltsdauer durch die Autoritäten des Ajíon Oros begrenzt.

Orthodoxe Christen können Sondergenehmigungen außerhalb des Kontingents erhalten, wenn sie bei der Mitropolis von Thessaloniki, Odos Wogatzikou, ein Empfehlungsschreiben erbitten. Dort muß ein Schreiben der zuständigen Heimatgemeinde und möglichst noch eine weitere Empfehlung vorgelegt werden. Nichtorthodoxe Geistliche sowie ausländische orthodoxe Geistliche benötigen eine Zusatzempfehlung des ökumenischen Patriarchats, die schriftlich anzufordern ist bei: Rum Patrikhanese, H. Fener, Istanbul, Türkiye.

Dem Antrag muß eine Empfehlung der eigenen Kirchengemeinde beigelegt werden. Ein zusätzliches Schreiben eines orthodoxen Bischofs kann die Bearbeitungszeit verkürzen.

Gruppenreisen zum Athos sind nicht möglich. Besichtigungsfahrten entlang der Südwestküste und um das Kap herum können in Ouranopolis gebucht werden. Die Kreuzfahrtboote, die auch Frauen und Kinder an Bord lassen, müssen außerhalb einer 500 m-Zone vor der Küste bleiben.

Anreise zum Ajíon Oros

1. Mit dem Überlandbus von Thessaloniki aus (Stathmos Odos Karakassou 68, Praktorion Chalkidikís, im westlichen Stadtteil Charilaou) nach Ouranopolis. Mit dem Frühbus ist das Boot nach Daphni zu erreichen. (In Ouranopolis stehen Übernachtungsmöglichkeiten zur Verfügung – auch ein guter Badestrand).
2. Bootsfahrt nach Daphni. Bei Besteigen des Bootes werden Pässe und Empfehlungsschreiben von Grenzpolizisten eingesammelt.
3. Fahrt mit dem Bus von Daphni nach Karyes. Dort wird der Paß und das Diamonitírion (gegen eine geringfügige Gebühr) im Megaron (Gebäude der Jéra Kinotis) gegenüber der Protatonkirche ausgehändigt. Alle Formalitäten sind etwa zu Beginn des Nachmittags erledigt.

Ein- und Ausreise auf dem Landweg ist untersagt. Der Heilige Berg ist seit einigen Jahren mit einer Mauer abgesperrt. Die Durchgänge werden bewacht.

4. Zu Fuß ist jetzt eines der Klöster oder Skiten aufzusuchen, das vor Sonnenuntergang – dann werden die Pforten geschlossen – erreicht werden muß. Dem für die Gäste zuständigen Mönch, dem Archontaris, ist das Diamonitírion vorzulegen. In manchen Klöstern wird zusätzlich der Paß verlangt.

Ausreise

Am vierten Tag muß man sich bis 12 Uhr (Abfahrt des Bootes) in Daphni einfinden. Von Ajía Anna aus verkehrt am frühen Vormittag ein Boot, das die Molen von Jéra Moni Ajíou Páwlou, Dionysíou, Grigoríou und Símonos Pétras anläuft und rechtzeitig Daphni erreicht. An den Molen der Klöster nordwestlich von Daphni legt das Boot nach Ouranopolis nicht immer an. Bei Ausreiseschwierigkeiten muß man sich telefonisch mit dem Zoll in Daphni oder dem Gouverneur in Karyes in Verbindung setzen.

Einschränkende Bestimmungen

- Jugendliche unter 21 dürfen nur in Begleitung des Vaters oder einer schriftlich bevollmächtigten Person auf den Athos einreisen.
- Baden im Meer ist unerwünscht, in Sichtweite der Klöster untersagt.
- Dezente Frisuren und Kleidung – lange Hosen, langärmelige Hemden, gedeckte Farben – sind erforderlich. Wer kurze Hosen trägt, wird ausgewiesen.
- Musikinstrumente mitzubringen ist untersagt. Sie werden konfisziert.
- Es ist nicht erlaubt, weltliche Melodien zu singen oder zu pfeifen.
- Die Mitnahme von Tonaufnahme-, Video- und Filmgeräten ist untersagt.
- Fotografieren ist in den meisten Kirchen und Trapezen nicht gestattet, in einigen Klöstern nicht gerne gesehen und innerhalb einiger weniger Klostermauern total untersagt. Personen dürfen nur mit deren Einverständnis aufgenommen werden.
- Rauchen ist in Karyes und in den Höfen der Klöster, meist auch in den Räumen, untersagt.

Telefonnummern auf dem Athos

Büro des Gouverneurs	(0377) 61230
Post und Telefon	(0377) 61209
Polizei Karyes	(0377) 61212
Polizei Daphni	(0377) 61222
Polizei Watopédi	(0377) 61257
Fremdenpolizei	(0377) 61260
Gesundheitsdienst	(0377) 61217
Zoll Daphni	(0377) 61269

Zeittafel

(Historische Hintergrunddaten ohne direkten Bezug zum Athos werden kursiv wiedergegeben)

8.–7. Jh. v. Chr. Angehörige der Ethnie der Thraker, eines den Griechen nahestehenden indoeuropäischen Stammes, besiedeln die Athoshalbinsel.

6. Jh. v. Chr. Hellenisierung der Halbinsel durch griechische Siedler.

5.–2. Jh. v. Chr. Sechs oder sieben Pflanzstädte, gegründet von griechischen Kleinstaaten, bestehen als selbständige Stadtstaaten auf der Athoshalbinsel bzw. in ihrem Umkreis.

492 v. Chr. Die mit dem Ziel Eritrea und Athen die Athoshalbinsel umfahrende Flotte des Perserkönigs Dareios wird von einem Nordoststurm gegen die Spitze der Halbinsel geworfen. Nach Herodot gingen 300 Schiffe unter, 20 000 Menschen ertranken.

483 v. Chr. Der Perserkönig Xerxes, Sohn des Dareios, läßt die Athoslandenge zwischen Akanthos – nahe dem heutigen Jerissos – und Sane durchgraben. Die Bevölkerung des Athos muß Frondienste leisten. Herodot erwähnt fünf Städte – Dion, Olophyxos, Akrothoon, Thyssos und Kleonai – an den Athosküsten sowie Sane an der Landenge beim Durchstich.

480 v. Chr. Die persische Flotte durchfährt den Athoskanal, der so breit ist, daß zwei Trieren aneinander vorbeirudern können (Herodot).

424/23 v. Chr. Während des peloponnesischen Krieges unternimmt der spartanische Feldherr Brasidas einen Feldzug zur Chalkidikí, um die mit Athen verbündeten Stadtstaaten auf die Seite Spartas zu ziehen. Er gewinnt Thyssos, Kleonai, Akrothoon, Olophyxos und verheert die Territorien von Dion und Sane (Thukydides).

168 v. Chr. Die Römer annektieren die Chalkidikí und den Athos.

Nach Christi Geburt

Um 300 *Antonios zieht als Einsiedler in die Wüste Thebais in Oberägypten. Der Vorläufer der Eremiten und des asketischen Mönchtumes stirbt um 356.*

311 *Toleranzedikt des römischen Mitkaisers Galerius (sein Regierungssitz war Thessaloniki), das die Beendigung aller Christenverfolgungen einleitet.*

Um 320 *Pachomios (292–346) gründet die ersten Klöster (in Ägypten) und entwirft Satzungen für das Mönchsleben.*

330 *Einweihung Konstantinopels als neue Hauptstadt des Römischen Reiches durch den ersten christlich-römischen Kaiser Konstantin.*

Beginn der Geschichte des Byzantinischen Reiches. Frühbyzantinische Zeit

Um 360 bis 379 *Basilios von Caesarea (Wasilios der Große) setzt sich im griechisch-kleinasiatischen Raum für das Mönchtum ein, gründet Klöster und schafft die basilianischen Regeln, die allein für das griechische kinowitische Mönchtum bis heute verbindlich sind.*

395 *Teilung des Römischen Reiches in ein Ost- und ein Westreich nach dem Tode Theodosius d. Gr. Griechenland mit dem Athos fällt an den Osten.*

421 Die Athoshalbinsel wird – zunächst vorläufig – dem Erzbistum Konstantinopel unterstellt.

600 Es wird vermutet, daß sich um diese Zeit bereits Einsiedler auf die damals verödete Athoshalbinsel zurückgezogen haben. Beginn des noch unorganisierten Mönchtums.

726 bis 843 Bilderstreit (Ikonoklasmos). Sehr viele Legenden und einige Reliefreste aus ikonoklastischer und vorikonoklastischer Zeit stützen die Annahme, daß sich während der Verfolgungszeit durch die bilderfeindlichen Kaiser bereits bilderfreundliche Mönche auf den Athos zurückzogen. Hochverehrte Ikonen aus Konstantinopel werden auf den Ajíon Oros verbracht, wo sie vor dem Zugriff bilderfeindlicher Staatsbeamter sicher sind.

843 Konzil einberufen durch Kaiserin Theodora zur Wiedereinführung der Verehrung der heiligen Bilder. In den Konzilsakten findet sich die früheste urkundliche Erwähnung heiliger Männer auf dem Territorium des Heiligen Berges. Sie leben in Einsiedeleien und kleinen Siedlungen.

Beginn der mittelbyzantinischen Zeit

Zweite Hälfte 9. Jh. Heiligenüberlieferungen berichten von Petros dem Athoniten, der 840 auf dem Athos hauste (Namenstag des heilig gesprochenen Athoniten ist der 12. Juni), und von Ewthymios von Thessaloniki. Der eine war ein Befürworter des Eremitentums, der andere ein Anhänger des mönchischen Gemeinschaftslebens – zwei gegenläufige Tendenzen, die jahrhundertelange Auseinandersetzungen auf dem Ajíon Oros auslösten.

Etwa um 855 kommt Ewthymios der Jüngere auf den Athos. Er gelobt, zunächst drei Jahre in einer Höhle zu leben und sie nicht zu verlassen. Etwa um 861 wird er zum Haupt einer Lawra – einer lockeren Mönchssiedlung um eine kleine Kirche herum –

erwählt. Aus dieser Zeit sind bereits zwei Lawren bekannt.

Um 870 Johannes Kolowos, Nachfolger des Ewthymios, gründet ein kinowitisches Kloster (vermutlich in der Nähe von Jerissos, an der Grenze des heutigen Athosterritoriums).

874 Eine heute nicht mehr auffindbare Goldsiegelbulle von Basilios I., dem Begründer der makedonischen Dynastie, setzt die Athos-Mönche und Eremiten frei von Steuer, garantiert ihnen Unabhängigkeit gegenüber der weltlichen Geistlichkeit und befiehlt sie dem Schutz durch Kolowos an. Die Einwohner von Jerissos werden dem Igóumenos Kolowos unterstellt. Um diese Zeit existieren zahlreiche Láwras.

883 Früheste bekannte ausdrückliche Erwähnung des Awaton (Abaton – Zugangsverbotes) für alles Weibliche in einer kaiserlichen Goldsiegelbulle.

963 Gründung des ersten – zunächst kinowitischen – Klosters Méjisti Láwra durch Athanasios Athonitis. Athanasios setzt die kinowitische Lebensform gegen den Widerstand der Eremiten durch.

972 Der Athos erhält sein erstes Typikon (Klosterverfassung), den sogenannten Tragos, unterzeichnet von Kaiser Joannis Tsimiskes.

980 Gründung der Jéra Moni Íwiron.

10.–11. Jh. Entfaltung des Klosterlebens auf dem Heiligen Berg. Es werden gegründet: Jéra Moni Xiropotámou, Watopédi, Xenophóntos, Amalphinou, Zográphou, Konstamonítou, Karakállou, Philothéou, Koutloumousíou.

1045 Die seit langem im Volksmund übliche Bezeichnung »Heiliger Berg« wird durch eine Goldsiegelbulle des Kaisers Konstantin IX. Monomachos beurkundet.

1046 2. Typikon des Ajíon Oros.

Um 1050 Auf dem Athos existieren 125 Klöster bzw. klosterähnliche Ansiedlungen.

1080–1120 Wlacheninvasion: Etwa 200 rumänischsprachige Wanderhirtensippen breiten sich über den Athos aus und gefährden die wirtschaftliche Grundlage der Mönchsgemeinschaften. Der freie Zugang für Nichtmönche zum Athos wird schließlich durch kaiserliche Verfügung untersagt.

12. Jh. Einwanderung russischer, serbischer, georgischer und lateinischer Mönche.

1189 Die Klause Chilandaríou wird vom serbischen Großfürsten Nemanja (Mönchsname Symeon) und seinem Sohn Rastko (Sawa) zum Kloster erhoben.

1204–1261 *Besetzung Konstantinopels und großer Teile Griechenlands durch die abendländischen Teilnehmer (fränkische Ritter und Venezianer) am sogenannten 4. Kreuzzug. Konstantinopel wird ausgeplündert. 1261 erobert Michael VIII. Palaiologos Konstantinopel zurück.*

1204–1261 Fränkische Barone führen zahlreiche Raubzüge zum Heiligen Berg aus, ermorden Mönche und rauben Kostbarkeiten. Íwiron wird eingeäschert. Pressionen des römischen Klerus auf die Mönche, sich der Union anzuschließen.

Ende des 13. Jhs. Neben der kinowitischen Lebensform kommt – gegen den Widerstand des Patriarchen von Konstantinopel – als weitere mönchische Lebensform die idiorrhythmische auf und drängt die ältere Form immer mehr zurück.

1307–1309 Die katalanische Soldateska – Söldnertruppen des byzantinischen Kaisers, die meutern und auf eigene Faust Raubzüge unternehmen – suchen den Athos heim und zerstören Klöster, ermorden Mönche. Die Anzahl der Klöster geht auf 25 zurück. Zahlreiche mönchische Siedlungen sind damals für immer vom Erdboden verschwunden.

1312 Andronikos II. Palaiologos unterstellt den Ajíon Oros gemäß einer Goldbulle an den Protos des Athos dem ökumenischen Patriarchen.

Anfang bis Mitte des 14. Jhs. Mönche vom Sinai bringen die hesychastische Lichtmystik zum Athos, der zum Zentrum dieser Bewegung wird. Ihr Vorkämpfer ist der Athos-Mönch (Méjisti Láwra ab 1317) Grigórios Palamás (1296/7–1359), der spätere Bischof von Thessaloniki. Im Verlauf des sogenannten Hesychastenstreits (1335–1351) entwickelt und vertieft er die theologischen Grundlagen der Lichtmystik. Die Mönche des Athos und der Meteoren pflegen die religiöse Wandmalerei mit volkstümlichen Zügen, die sogenannte makedonische Schule. Manuíl Pansélinos aus Thessaloniki soll zu jener Zeit das Protaton ausgemalt haben. Stilistisch mehr oder weniger verwandt sind Wandmalereien in Chilandaríou und Watopédi.

1351 *Eine Synode in Konstantinopel erklärt, daß die hesychastische Mystik auf dem Boden der Orthodoxie stünde.*

Zweite Hälfte des 14. Jhs. Dionysios verbreitet den Hesychasmus (Lichtmystik) auf dem Athos und gründet – 1375 – das Kloster Dionysíou. Im neuen Pantokratorkloster schreibt Kallistos (1397 vorübergehend Patriarch in Konstantinopel) ein Lehrbuch der palamdischen Mystik (wichtiger Bestandteil der Philokalía).

1394 3. Typikon des Ajíon Oros. Rechte und Unabhängigkeit des Protos werden gestärkt. Die Igóumeni müssen einen Protos wählen und ihn zum Patriarchen zur Handauflegung entsenden. Der Patriarch darf nur auf Einladung des Protos den Ajíon Oros besuchen. Bischöfe dürfen nur auf Einladung und ausdrückliche Aufforderung Amtshandlungen vollziehen.

1406 4. Typikon des Ajíon Oros. Die Goldsiegelbulle Manuel II. Palaiologos (4. Typikon) spricht den Klöstern das Grundbesitzerrecht zu und versucht, die kinowitische Lebensform als verbindlich für die Athosklöster durchzusetzen. Frauen wird der Zutritt zum Heiligen Berg nochmals ausdrücklich total untersagt.

1430 Murad II. besetzt Thessaloniki. Die Klöster des Ajíon Oros unterwerfen sich der osmanischen Oberhoheit. Sie werden der Pforte gegenüber tributpflichtig, behalten aber eine verhältnismäßig weitgehende Selbständigkeit.

1453 *Eroberung Konstantinopels durch die Osmanen.*

**Ende der byzantinischen Epoche.
Beginn der postbyzantinischen Zeit**

1533 Gründung der Jéra Moni Stawronikíta.

1535 und 1546 Theóphanes der Athonit legt vom Hesychasmus beeinflußte Wandmalereien in Jéra Moni Láwra und Stawronikíta an.

1575 5. Typikon des Ajíon Oros, ausgestellt durch den Patriarchen. Auswüchse der idiorrhythmischen Lebensform auf Handel und Wandel sollen abgeblockt werden.

17. Jh. Große Armut, bedingt durch belastende Abgaben, die die osmanische Regierung eintreibt. Trotz Hilfe, inbesondere aus den Donauländern, aus Georgien und Rußland, leiden die Klöster an Auszehrung. Gegen Ende des Jahrhunderts waren alle 20 führenden Klöster des Athos zur Idiorrhythmie übergegangen.

Erste Hälfte des 18. Jhs. Gründung von Skiten: Prodrómou, Dimítriou (Watopédiou), Dimitriou (Ajíou Pawlou), Néa Skíti, Ewanjélismou und Panteleïmonos.

1720–1730 Der Maler und Verfasser der Ermenía (Malerhandbuch vom Berge Athos) ist in Karyes tätig.

1743 Gründung der Athos-Akademie beim Kloster Watopédi.

1782 6. Typikon des Ajíon Oros; es teilt die Athosklöster in Tetrades (Vierergruppen) ein.
In Venedig erscheint die Philokalía, eine vom Ajioriten Nikodimos in der Jéra Moni Dionysíou verfaßte Anthologie mystischer Schriften.

Ab zweite Hälfte des 18. Jhs. Einwanderungswelle russischer Mönche. Spenden der Zaren. Neue Blüte des Mönchtums auf dem Athos.
Theologische Streitigkeiten um die Gottesdienste für die Verstorbenen (Kollywades-Streit) sowie um den Termin der Kommunion.

Ende 18. Jh./Anfang 19. Jh. Ein Teil der Klöster kehrt zur kinowitischen Lebensform zurück.

1810 Das 7. Typikon auf dem Ajíon Oros, ausgestellt durch den Patriarchen Grigórios V., richtet das noch heute gültige System der Athosregierung und Verwaltung – Jéra Kinótis und Jéra Epistasía – ein.

1821 *Beginn des griechischen Freiheitskampfes (Epanástasis), des Aufstands gegen die osmanische Besetzung.*

1821–1830 Die Osmanen besetzen den Heiligen Berg.

1839–1850 Weitere Klöster – vier an der Zahl – werden wieder kinowitisch.

1842 Gründung der Athosschule in Karyes.

1912 Im Verlauf des 1. Balkankrieges wird Makedonien mit dem Athos von den Osmanen befreit. Am 2. November rücken Einheiten der griechischen Marine auf dem Athos ein.

1923 Anerkennung der Selbstverwaltung und Neutralität des Athos durch den Vertrag von Lausanne.

1924 Verfassung des Athosstatutes.

1926 Einfügung von Artikeln in die griechische Verfassung, die den Sonderstatus des Athos regeln.

1941–1944 Selbstverwaltung des Athos unter der Aufsicht der deutschen Wehrmacht.

1963 1000-Jahr-Feier auf dem Athos.

1971–1982 Fünf weitere Klöster werden kinowitisch (Stawronikíta, Méjisti Láwra, Philotheou, Dochiaríou, Xiropotámou).

Glossar

Achiropíiti ikón (*Αχειροποιητη εἰκων*) Nicht von Händen gemachtes Kultbild der Gottesmutter oder Christi. Die Ikone ist durch ein Wunder ohne menschliches Zutun entstanden

Agrypnía (Pannychída) (*Αγρυπνία* [*παννυχίδα*]) Der die ganze Nacht hindurch gefeierte Gottesdienst vor großen Festtagen für Christus, für die Gottesmutter und die Heiligen der jeweiligen Gotteshäuser. Jede Athosgemeinde feiert pro Jahr etwa 50 Agrypnien

Ajíasma (*Ἁγίασμα*) Geweihtes Wasser, auf dem Athos gewöhnlich in der Phiáli geweiht

Akathistos-Hymnos(*Ακάθιστος ὕμνος*) Schönste und bekannteste Marienhymne des orthodoxen Christentums. Besteht aus 24, jeweils mit den 24 Buchstaben des griechischen Alphabets beginnenden Versen und stellt eine künstlerisch-doxologische Ausgestaltung des »englischen Grußes« des Erzengel Gabriel anläßlich der Verkündigung an Maria dar. Der Hymnus wird an den Freitagen der Fastenzeit gesungen, er ist u. a. ein Dank für die Rettung Konstantinopels im Jahre 621. Den die Stadt belagernden Arabern wurde eine Marienikone entgegengehalten, die der Überlieferung nach heute in der Jéra Moni Dionysíou aufbewahrt wird. Die geistliche Dichtung selbst ist möglicherweise noch ein oder zwei Jahrhunderte älter

Akolouthía (*Ακολουθία*) Gottesdienst, auch die spezielle Form einer auf einen bestimmten Anlaß abgestimmten liturgischen Ordnung

Antiprósopos (*Αντιπρόςοπος*) »Entsandter Vertreter« – gemeint ist auf dem Athos der Vertreter eines der 20 Klöster bei der (→) Jera Kinótis in Karyes

Apokálypsis (*Αποκάλυψις*) Offenbarung über den Untergang der Welt. Gemeint ist speziell die Apokalypse Johanni, das letzte Buch des Neuen Testaments. Auf dem Ajíon Oros existieren zehn Freskenzyklen zu dem Thema

Archontaríki (*Αρχονταρίκι*) Gästetrakt eines Klosters, einer Skíti, eines Kellion

Archontáris (*Αρχοντάρης*) Mönch, der jeweils für eine gewisse Zeit, z. B. für ein Jahr, die Aufgabe der Gästebetreuung übernimmt

Arsanás (*Αρσανάς*) Anlegestelle des Klosters, bestehend aus einer Mole und einigen Gebäuden, gelegentlich mit einem Wehrturm gesichert

Askitís (*Ασκητής*) Asket, in den griechischen Schriften als Geistesathlet (Geisteskämpfer) bezeichnet. Gemeint sind im engeren Sinne jene Einsiedlermönche, die in abgelegenen Höhlen hausen und sich von Zwieback und Wildpflanzen nähren, im weiteren Sinne sind alle Mönche gemeint

Axión estin (*Ἀχιόν εστιν*) Hymne, deren erster Teil der Überlieferung nach vom Erzengel Gabriel, der in Mönchsgestalt das zum Jéra Moni Pantokrátoros gehörige Kellion *Kimesis tis Theotokou* besucht hatte, während des Morgengottesdienstes, am Samstag, dem 10. Juni 982 erstmalig angestimmt wurde:

»Würdig ist es in Wahrheit, Dich glückselig zu preisen, die Gott geboren, die allzeit selige und allumfassend reine und die Mutter unseres Gottes.

Dich, der Du höher geehrt bist als die Cherubim und unvergleichlich mehr gerühmt wirst als die Seraphim, die Du den unsterblichen göttlichen Logos geboren, Dich nennen wir lobpreisend die wahrhaftige Gottesgebärerin.«

Die Ikone, vor der das Wunder geschah, wurde zur Protatonkirche in Karyes verbracht, wo sie sich noch heute befindet. Es ist die bekannteste und am höchsten verehrte Ikone des Athos einerseits und ganz Griechenlands andererseits

Chorós (Chorostásia) (*Χορός* [*Χοροστάσια*] Die insbesondere für Athoskirchen typischen halbrunden, absidenähnlichen Anbauten im Norden und im Süden des Kuppelraumes. Darin stellen sich die singenden und vorlesenden Mönche auf. Tatsächlich bewirken die athostypischen Bauformen eine akustische Verstärkung des Tones

Chrysówoullon (*Χρυσόβουλλο*) Kaiserliche Urkunde mit einem Goldsiegel

Diakonikó(n) (*Διακονικό*) Südliche Apsidiole an einer Kirche mit dreiteiligem Chor (→ Próthesis)

Diamonitírion (*Διαμονητήριον*) »Aufenthaltserlaubnis«; Empfehlungsschreiben, ausgestellt von der Jéra

Epistasía. Stellt die Voraussetzung für einen Besuch des Heiligen Berges dar

Dikáios (*Δικαίος*) Vorsteher einer Skíti

Dodekaórthon (*Δωδεκαόρθον*) Die zwölf Hochfeste des Kirchenjahres, ergänzt durch das 13., das über allen anderen Festen steht, das Osterfest. Dargestellt werden die Bilder der einzelnen Festtage in der Gewölbezone der Kirchen. Die obersten Ikonenreihe einer Bilderwand besteht ebenfalls aus den Festbildikonen

Dókimos (*Δόκιμος*) »Anwärter«; angehender Mönch im (zwei bis) drei Jahre währenden Stadium der Selbstprüfung. Hat noch kein Gelöbnis abgelegt

Doxolojía (*Δοξολογία*) Lobpreisung, Danksagung an Gott

Epitropos (*Επίτροπος*) Einer der zwei oder mehr Vorsteher eines idiorrhythmischen Klosters; für ein Jahr gewählt

Erimítis (*Ερημίτης*) Einsiedler, Eremit (abgeleitet von Erimía, Wüste)

Etimasía (*Ετοιμασία*) Darstellung des leeren Thrones Christi mit Leidenswerkzeugen und Evangelienbuch

Ewanjélion (Evangelion) (*Ευαγγέλιον*) Lektionar mit kalendarisch geordneten Bibeltexten für den gottesdienstlichen Gebrauch. Wird beim kleinen Einzug der Liturgie durch die Kirche zum Altarraum getragen

Igóumenos (*Ἡγούμενος*) Auf Lebenszeit gewählter, von der Jéra Kinótis bestätigter Vorsteher eines kinowitischen Klosters. Die Wahl wird dem Patriarchen in Konstantinopel von der Jéra Kinótis mitgeteilt

Isychasmós (*Ἡσυχασμός*) Hesychasmus; religiöse Bewegung, deren Lehren sich mit der Praxis des immerwährenden Gebetes und der ekstatisch-mystischen Schau des göttlichen Lichtes beschäftigen

Isychastírion (*Ἡσυχαστήριον*) Hesychasterion, Einsiedelei

Jéra Epistasía (*Ιέρα Επιστασία*) Heilige Aufsicht. Die Exekutivverwaltung des Heiligen Berges, bestehend aus vier am 1. Juni gewählten Vertretern aus einem der fünf ranghöchsten Klöster (Láwra, Watopédi, Íwiron, Chilandaríou, Dionysíou)

Jéra Kinótis (*Ιέρα Κοινότης*) Heilige Gemeinschaft – die Regierung des Athos, bestehend aus je einem Mönch (→ Antiprósopos) der 20 Klöster. Die Wahl erfolgt jährlich Anfang Januar

Jéra Synaxis (*Ἱέρα Σύναξις*) Heilige Versammlung – Gesetzgebende Körperschaft (Legislative) des Ajíon Oros. Besteht aus den 20 Vorstehern der Klöster, die zweimal im Jahr zusammenkommen. Es handelt sich um eine Art von Athos-»Parlament«

Jerontía (*Γεροντιά*) Jéra Synaxis eines kinowitischen Klosters

Kalýwa/Kalýwi (*Καλύβη*) Hütte, kleiner als ein Kellion

Káthisma (*Κάθισμα*) Sitz; klosternahe, von einem Mönch bewohnte Hütte

Katholikón (*Καθολικόν*) Zentrale Hauptkirche eines Klosters

Kellíon (*Κελλίον*) Haus für außerhalb der Klöster wohnende Mönche. In einem Kellíon lebt bisweilen ein Mönch, meist aber zwei oder mehr

Kyriakón (*Κυριακον*) Zentrale Hauptkirche einer Skíti

Litourjía (*Λειτουργία*) Hauptgottesdienst mit der Feier der heiligen Messe. Besteht aus drei Teilen (→) Proskomidi (Vorbereitung der Gaben), Liturgie der Katechumenen (Verehrung Christi in seiner Gestalt als Logos [Wort]) und der Liturgie der Gläubigen (Christus in Gestalt der Gaben)

Liwánisma (*Λιβάνισμα*) Beräucherung. Während des Gottesdienstes werden der Altar, alle Teile des Gotteshauses und die Teilnehmer beräuchert

Liwanistíri (*Λιβανιστήρι*) Weihrauchfaß

Metochion (*Μετόχιον*) Grundbesitz eines Klosters, auch außerhalb der Athoshalbinsel

Naós (*Ναός*) Hauptraum der Kirche

Nárthex (*Νάρθηξ*) Vorhalle der Kirche. Der Isonarthex ist eine innere Vorhalle, der Exonarthex eine äußere. Letztere ist der Kirche verandenähnlich vorgesetzt und von außen als eigenes architektonisches Bauteil erkennbar

Proskomidí (*Προσκομιδή*) Darbringung; Vor-Gottesdienst einer Abendmahlsfeier, die der zeremoniellen Vorbereitung der heiligen Gaben dient. Rituell-symbolisch wird die Geburt und der Tod Christi vergegenwärtigt

Próthesis (*Πρόθεσις*) Bezeichnung für die nördliche Apsidiole einer dreiteiligen Apsis. Dient zur Zurüstung der Abendmahls-(Meßopfer-)gaben (→ Proskomidí)

Símantron (*Σήμαντρον*) Tönendes Brett. Wird von einem Mönch mit einem Hämmerchen geschlagen. Der dumpfe Klang ruft die Mönche zum Gottesdienst

Skála (*Σκάλα*) Anlegeplatz, Kai

Skíti (*Σκήτη*) Mönchssiedlung (→ Übersicht über Klöster und Siedlungen, Seite 167ff.)

Synaxári(on) (*Συναξάριον*) Sammlung von Heiligenlegenden in Buchform

Sýnaxis (*Σύναξις*) Zusammenkunft, Zusammentreffen, z. B. Darstellung sich versammelnder Engel

Sýnaxis ton Proistaménon (*Σύναξις των Προισταμένων*) Jéra Synaxis eines idiorrhythmischen Klosters

Taxiárchis (*Ταξιάρχης*) Erzengel. Die beiden wichtigsten sind Michaíl, der Anführer der himmlischen Heerscharen, Betreuer der Seelen der Verstorbenen, und Gawriíl, der Engel der Verkündigung Mariae (→ Akathistos-Hymnos)

Tetraewanjélion (*Τετραευαγγέλιον*) Evangeliar, Handschriften der vier Evangelien in der geläufigen Reihenfolge Matth., Mark., Luk., Joh. Vorzugsweise für private Andachten gebraucht

Trágos (*Τράγος*) Bockshaut. (→) Typikon von 972 mit der ältesten Verfassung des Heiligen Berges. Enthält die Unterschrift des Kaisers Johannes Tsimiskes sowie die von 55 Klostervorstehern, darunter der des heiligen Athanasios, des Athoniten

Trápeza (*Τράπεζα*) Speisesaal, in der Regel reich mit Fresken geschmückt, für die gemeinsamen Mahlzeiten der

Mönche auf dem Athos. Wo es die Raumverhältnisse zulassen, ist die Trápeza als freistehende oder in einen Zellenflügel eingebaute Halle mit eigener (West-)Apsis und meist mit einem Querschiff direkt dem Katholikón gegenüber angeordnet, oft mit ihm durch eine gemeinsame Vor- oder Übergangshalle verbunden

Typikón (*Τυπικόν*) Kalligraphisch ausgeschmückte Urkunde, die die Gottesdienstordnung eines Klosters regelt. Sie ist vom Gründer eines Klosters nach älteren Vorbildern festgelegt worden. Auch schriftlich fixierte gesetzliche Festlegungen innerhalb der einzelnen Klöster sowie der Klöster untereinander werden als Typikon bezeichnet. Auf dem Athos wurden insgesamt sieben derartige Klosterverfassungen (Typika) erlassen

Wíma (Ajía Trápeza) (*Βήμα* (*Αγία Τράπεζα*) Bema; Altar im Allerheiligsten der Kirche, das durch die Bilderwand abgeschirmt ist

Literaturverzeichnis

Ausgabe des Lawra Klosters Leben und Gottesdienst-Ordnung unseres frommen und gotterfüllten Vaters Athanasios des Athoniten (griech.). Athos 1985

Athos Wacht (griech.) Thessaloniki 1984

Gerhard Ahl Der Mönche drittes Vaterland in: Hellenika 1979, Bochum

Aprotheos Monachos Der Heilige Berg – Einführung in seine Geschichte und in die Lebensverhältnisse auf ihm (griech.). Katerini 1987

Ernst Benz Patriarchen und Einsiedler. Der tausendjährige Athos und die Zukunft der Ostkirche. Düsseldorf/Köln 1964

Rudolf Biach Das Geheimnis des heiligen Berges. Wien 1949

Heinrich Brockhaus Die Kunst in den Athos-Klöstern. Leipzig 1902

Pan. K. Christos Der Heilige Berg – die Gesellschaft des Athos – Geschichte, Kunst, Leben (griech.). Athen 1987

Chrysostomus Dahm Athos – Berg der Verklärung. Offenburg 1959

Die Gottesschau im palamitischen Hesychasmus Ein Handbuch der spätbyzantinischen Mystik, eingeleitet und übersetzt von Albert Maria Ammann. Würzburg ²1948

Franz Dölger (Hrsg.) Athos, Mönchsland. München 1943

Franz Dölger Aus den Schatzkammern des Heiligen Berges – 115 Urkunden und 50 Urkundensiegel aus 10 Jahrhunderten. 2 Bände. München 1948

Proigoumenos Efthymios Pantokratorinos Ajioritou Geschichte des heiligen und verehrungswürdigen Klosters Pantokrator auf dem Heiligen Berg (griech.). Athos 1986

Mircea Eliade Geschichte der religiösen Ideen, Bd. 3/1 (von Mohammed bis zum Beginn der Neuzeit). Freiburg 1983

Ermenia tis zografikis Das Malerhandbuch des Malermönches Dionysios vom Berge Athos (deutsch). Slawisches Institut. München 1983

Erzählungen eines russischen Pilgers Übersetzt von Lydia S. Meli-Bagdasarowa. Freiburg 1951

Jakob Philipp Fallmerayer Hagion Oros oder der Heilige Berg Athos. Bozen 1987, Reprint von 1842/43

Erich Feigl Athos, Vorhölle zum Paradies. Wien/Hamburg 1982

Fritz Fichtner Wandmalereien der Athos-Klöster. Berlin 1931

Herodot Neun Bücher der Geschichte. Essen 1984

Paul Huber Bild und Botschaft: byzantinische Miniaturen zum Alten und Neuen Testament. Zürich/Freiburg 1973

Paul Huber Athos: Leben, Glaube, Kunst. Zürich/Freiburg 1982

Paul Huber Die Kunstschätze der Heiligen Berge – Sinai – Athos – Golgatha. Augsburg 1987

Hymnos akathistos Die älteste Andacht zur Gottesmutter. Griech.

Text, deutsche Übersetzung und Einführung von Gerard G. Meersseman. Freiburg 1958

Sotiris Kadas Der Berg Athos. Illustrierter Führer der Klöster: Geschichte und Schätze. Athen 1980

John Karmiris A Synopsis of Dogmatic Theology of the Orthodox Catholic Church. Scranton 1973

Erhart Kästner Die Stundentrommel vom Heiligen Berg Athos. Frankfurt 1974

Kilian Kirchhoff Symeon der Theologe - Licht vom Licht (Deutsche Übersetzung der Hymnen). München 1951

Iwan von Kologriwof Von Hellas zum Mönchtum. Leben und Denken Konstantin Leontjews. Regensburg 1948

N. P. Kondakov Denkmäler der christlichen Kunst auf dem Athos (russ.). Petersburg 1902

Victor Langlois Le Mont Athos et ses monastères. Paris 1867

Lazaros Monachos Dionysiatos Dionysiatische Berichte (griech). Jéra Moni Dionysiou, Ajíon Oros 1988

Wladimir Lossky Schau Gottes. Zürich 1964

Cyril Mango Byzantinische Architektur. (Weltgeschichte der Architektur, Bd. 14) Stuttgart 1975

Franz Georg Maier (Hrsg.) Byzanz. (Fischer Weltgeschichte Bd. 13). Frankfurt 1973

Gerard G. Meersseman Der Hymnos akathistos im Abendland. 2 Bde., Freiburg 1958–1960

Emmanuel Amand de Mendieta Mount Athos: The garden of the Panaghia. Berlin/Amsterdam 1972

John Meyendorf Byzantine Hesychasm. Historical, Theological and Social Problems. London 1974

A. K. Orlandos Klosterbaukunst (griech.). Athen 1927

Athanasios Panajotis Die die umfassender ist als die Himmel - Die christliche Welt des Heiligen Berges (griech.). Athen 1987

Petros Sklawos Lawriotis Das heilige Kloster Méjisti Láwra (griech.). Athos 1977

Gerhard Pohl Wanderungen auf dem Athos. Berlin/Stuttgart

Thomas M. Provatakis Der Berg Athos - kurzgefaßte Geschichte des Berges Athos und Beschreibung seiner Denkmäler. Thessaloniki 1983

Ph. Schmidt Die Illustrationen der Lutherbibel. Basel 1977

Jerasimos Smyrnakis Der Heilige Berg (griech.). Athen 1903

Günter Spitzing Lexikon byzantinisch christlicher Symbole. München 1989

Günter Spitzing Rhodos - richtig wandern. Köln 1987

Günter Spitzing Nordgriechenland - richtig wandern. Köln 1990

Günter Spitzing / Gerhard Dierza Griechenland - das Festland. München 1989

Symeon der Theologe Licht vom Licht. Hymnen. Deutsch von Kilian Kirchhoff. München ²1951

Franz Spunda Legenden und Fresken vom Berg Athos. Stuttgart 1962

Theoklitos Monachos Dionysiatis Maria die Mutter Gottes. Thessaloniki 1988

W. P. Theunissen Monnikenrepubliek van den Berg Athos. Den Haag 1944

Helmut van Thiel Leben und Taten Alexanders von Makedonien – der griechische Alexanderroman (griechisch und deutsch). Darmstadt 1983

Thukydides Der peloponnesische Krieg (deutsch). Essen o. J.

Walther Völker Scala paradisi. Eine Studie zu Johannes Climacus und zugleich eine Vorstudie zu Symeon, dem Theologen. Wiesbaden 1968

Wolfgang Fritz Vollbach/Jaqueline Lafontaine-Dosogne Byzanz und der christliche Osten (Propyläen Kunstgeschichte Bd. 3). Berlin 1984

Namen- und Ortsregister

Sachregister

Die Akropolis von Athen

Antikes Heiligtum und modernes Reiseziel

Von Lambert Schneider und Christoph Höcker. 312 Seiten mit 32 farbigen und 150 einfarbigen Abbildungen, Zeichnungen und Plänen, Glossar, Literaturverzeichnis, Register, kartoniert (DuMont Dokumente)

Die Akropolis ist seit Jahrhunderten Pilgerziel bildungsinteressierter Touristen aus aller Welt. Das Buch informiert umfassend über ihre Baugeschichte und die wechselnden Versuche ihrer Restaurierung.
Die Autoren zeigen in ihrer kritisch-archäologischen Darstellung, daß die Bauten und Skulpturen der Akropolis Ergebnis der durchaus nicht einheitlichen, sondern mitunter rivalisierenden religiösen, kulturellen und politischen Interesssen ihrer Erbauer und Benutzer sind. Kein Baustein, kein Bildwerk wird um seiner selbst willen beschrieben, vielmehr wird stets nach Inhalt und Bedeutung im antiken Leben gefragt. So beginnt die athenische Akropolis von ihrer Geschichte zu sprechen ...

Pergamon

Geschichte, Bauten, Funde und Erforschung einer antiken Metropole

Von Wolfgang Radt. 408 Seiten mit 34 farbigen und 187 einfarbigen Abbildungen, Plänen und Grundrissen, Bibliographie, Glossar und Register, kartoniert (DuMont Dokumente)

»Kaum einer könnte kompetenter über Pergamon schreiben als Wolfgang Radt, der seit nunmehr achtzehn Jahren die dortigen Ausgrabungen leitet. Mit seinem Buch ist es ihm gelungen, das in zahlreichen Fachpublikationen Veröffentlichte zusammenfassend für ein breites Publikum aufzubereiten, kurz: Pergamon in seinem Facettenreichtum zu erschließen, dem interessierten Laien ebenso wie dem angehenden Altertumswissenschaftler. Fotos, Zeichnungen, Rekonstruktionen und Grundrisse illustrieren den Text, helfen, den teilweise unübersichtlichen Zustand der Ruinen vor dem geistigen Auge zu einem Ganzen zusammenzufügen.
Ein ausgezeichnetes Literaturverzeichnis, ein Glossar zu den Fachausdrücken sowie ein Register zu Personen, Orten und Sachen runden den Band ab.« *Frankfurter Allgemeine Zeitung*

Bitte beachten Sie auch folgende Veröffentlichungen aus unserem Verlag:

Korfú

Die Ionischen Inseln

Von Klaus Gallas. 108 Seiten mit 73 farbigen und 11 einfarbigen Abbildungen sowie Tabellen und Karten und einem landeskundlichen Beitrag von Eckard Willing, Leinen

Kreta

Von den Anfängen Europas bis zur kreto-venezianischen Kunst

Von Klaus Gallas. 400 Seiten mit 45 farbigen, 121 einfarbigen Abbildungen, 132 Zeichnungen und Plänen, Glossar, 16 Seiten praktischen Reisehinweisen, Register (DuMont Kunst-Reiseführer)

»Richtig reisen«: Kreta

Von Horst Schwartz. 250 Seiten mit 53 farbigen und 115 einfarbigen Abbildungen, 53 Seiten praktischen Reisehinweisen, Register

»Richtig wandern«: Kykladen

Von Kurt Schreiner. Unter Mitarbeit von Klaus Bötig, Heinz und Ingeborg Rosin und Gisela Suhr. 264 Seiten mit 20 farbigen und 56 einfarbigen Abbildungen, 17 Karten und Plänen, 14 Seiten praktischen Reisehinweisen, Register, kartoniert

Die Kykladen

Von Klaus D. Francke. Mit einem Text von Gerd Höhler. 88 Seiten mit 76 Farbfotos und einer Karte, Leinen mit Schutzumschlag

Rhodos

Eine der sonnenreichsten Inseln im Mittelmeer – ihre Geschichte, Kultur und Landschaft

Von Klaus Gallas. 352 Seiten mit 65 farbigen und 101 einfarbigen Abbildungen, 109 Zeichnungen und Plänen, 11 Seiten praktischen Reisehinweisen, Register, kartoniert (DuMont Kunst-Reiseführer)

»Richtig wandern«: Rhodos

Von Günter Spitzing. 232 Seiten mit 29 farbigen und 57 einfarbigen Abbildungen, 52 Karten und Plänen, 7 Seiten praktischen Reise- und Wanderhinweisen, Register, kartoniert

DuMont Taschenbücher

Stand Frühjahr '90

Band 2 Horst W. und Dora Jane Janson
Malerei unserer Welt

Band 3
August Macke – Die Tunisreise

Band 4 Uwe M. Schneede
René Magritte

Band 6 Karin Thomas
DuMont's kleines Sachwörterbuch zur Kunst des 20. Jahrhunderts

Band 8 Christian Geelhaar
Paul Klee

Band 13 Joseph-Émile Muller
DuMont's kleines Lexikon des Expressionismus

Band 14 Jens Christian Jensen
Caspar David Friedrich

Band 15 Heijo Klein
DuMont's kleines Sachwörterbuch der Drucktechnik und grafischen Kunst

Band 18 Horst Richter
Geschichte der Malerei im 20. Jahrhundert

Band 23 Horst Keller
Marc Chagall

Band 25 Gabriele Sterner
Jugendstil

Band 26 Jens Christian Jensen
Carl Spitzweg

Band 28 Hans Holländer
Hieronymus Bosch

Band 29 Herbert Alexander Stützer
Die Etrusker und ihre Welt

Band 30 Johannes Pawlik (Hrsg.)
Malen lernen

Band 31 Jean Selz
DuMont's kleines Lexikon des Impressionismus

Band 32 Uwe M. Schneede
George Grosz

Band 33 Erwin Panofsky
Sinn und Deutung in der bildenden Kunst

Band 35 Evert van Uitert
Vincent van Gogh

Band 38 Ingeborg Tetzlaff
Romanische Kapitelle in Frankreich

Band 39 Joost Elffers (Hrsg.)
DuMont's Kopfzerbrecher
TANGRAM

Band 44 Fritz Baumgart
DuMont's kleines Sachlexikon der Architektur

Band 47 Paul Vogt
Der Blaue Reiter

Band 56 Ingeborg Tetzlaff
Romanische Portale in Frankreich

Band 57 Götz Adriani
Toulouse-Lautrec und das Paris um 1900

Band 59 Hugo Munsterberg
Zen-Kunst

Band 63 Hans Neuhaus
Werken mit Ton

Band 65 Harald Küppers
Das Grundgesetz der Farbenlehre

Band 66
Sam Loyd/Martin Gardner
Mathematische Rätsel und Spiele
Hrsg. von Martin Gardner

Band 69 Erich Burger
Norwegische Stabkirchen

Band 70 Ernst H. Gombrich
Kunst und Fortschritt

Band 72 Michael Schuyt/
Joost Elffers/Peter Ferger
Rudolf Steiner und seine Architektur

Band 73 Gabriele Sterner
Barcelona: Antoni Gaudi

Band 74 Eckart Kleßmann
Die deutsche Romantik

Band 76 Werner Spies
Max Ernst 1950–1970

Band 77 Wolfgang Hainke
Siebdruck

Band 78 Wilhelm Rüdiger
Die gotische Kathedrale

Band 81 Klaus Fischer
Erotik und Askese
in Kult und Kunst der Inder

Band 83
Ekkehard Kaemmerling (Hrsg.)
Bildende Kunst als Zeichensystem 1

Band 84 Hermann Leber
Plastisches Gestalten

Band 85
Sam Loyd/Martin Gardner (Hrsg.)
Noch mehr Mathematische Rätsel
und Spiele

Band 89 Ingeborg Tetzlaff
Griechische Vasenbilder

Band 90 Ernesto Grassi
Die Theorie des Schönen in der Antike

Band 91 Hermann Leber
Aquarellieren lernen

Band 93
Joost Elffers/Michael Schuyt
Das Hexenspiel

Band 94 Kurt Schreiner
Puppen & Theater

Band 95 Karl Hennig
Japanische Gartenkunst

Band 99 Bernd Fischer
Wasserburgen im Münsterland

Band 100 Peter-T. Schulz
Der olle Hansen

Band 101 Felix Freier
Fotografieren lernen – Sehen lernen

Band 103 Kurt Badt
Die Farbenlehre van Goghs

Band 104 Wilfried Hansmann
Die Apokalypse von Angers

Band 107 Joost Elffers/
Michael Schuyt/Fred Leeman
Anamorphosen

Band 109 Bernd Fischer
Hanse-Städte

Band 114 Peter-T. Schulz
Der Kuckuck und der Esel

Band 115 Angelika Hofmann
Ton

Band 116 Sara Champion
DuMont's Lexikon archäologischer
Fachbegriffe und Techniken

Band 117 Rosario Assunto
Die Theorie des Schönen im Mittelalter

Band 119 Joachim Petsch
Geschichte des Auto-Design

Band 121 Renate Berger
Malerinnen auf dem Weg ins
20. Jahrhundert

Band 123 Fritz Winzer
DuMont's Lexikon der Möbelkunde

Band 124 Walter Dohmen
Die Lithographie

Band 127 Peter-T. Schulz
Rapunzel

Band 128 Lu Bro
Wie lerne ich Zeichnen

Band 130
Bettina Gruber / Maria Vedder
DuMont's Handbuch der Video-Praxis

Band 131
Anneliese und Peter Keilhauer
Die Bildsprache des Hinduismus

Band 132 Reinhard Merker
Die bildenden Künste im Nationalsozialismus

Band 133 Barbara Salberg-Steinhardt
Die Schrift:
Geschichte – Gestaltung – Anwendung

Band 134 Götz Pochat
Der Symbolbegriff in der Ästhetik und Kunstwissenschaft

Band 135 Karlheinz Schüssler
Die ägyptischen Pyramiden

Band 137 Nikolaus Pevsner
Wegbereiter moderner Formgebung

Band 139 Peter-T. Schulz
Guten Tag! Eine Gulliver-Geschichte

Band 142 Rudolf Wittkower
Allegorie und der Wandel der Symbole in Antike und Renaissance

Band 143 Martin Warnke (Hrsg.)
Politische Architektur

Band 144 Miriam Magall
Kleine Geschichte der jüdischen Kunst

Band 145 James F. Fixx
Rätsel und Denkspiele mit Seitensprung

Band 146
Rose-Marie und Rainer Hagen
Meisterwerke europäischer Kunst
als Dokumente ihrer Zeit erklärt

Band 148 Renée Violet
Kleine Geschichte der japanischen Kunst

Band 149 Lawrence Treat
Detektive auf dem Glatteis

Band 150
Alexandra Lavizzari-Raeuber
Thangkas

Band 151 Hartmut Kraft
Psychoanalyse, Kunst und Kreativität heute

Band 153 Ingeborg Ebeling
Masken und Maskierung

Band 156 Herbert Alexander Stützer
Kleine Geschichte der römischen Kunst

Band 157 Paul Maenz
Die 50er Jahre

Band 159 Anita Rolf
Kleine Geschichte der chinesischen Kunst

Band 160
Felix Freier / Norbert Sarrazin
Fotos: Selbst entwickeln – Selbst vergrößern

Band 163 Harald Küppers
Die Farbenlehre der Fernseh-, Foto- und Drucktechnik

Band 164 Nora Gallagher
Wohnzimmerspiele – alt und neu

Band 167 Eckhard Neumann (Hrsg.)
Bauhaus und Bauhäusler

Band 169 Wolfgang Kemp (Hrsg.)
Der Betrachter ist im Bild

Band 170 Hans Sedlmayr
Die Revolution der modernen Kunst

Band 171 Ernst H. Gombrich
Eine kurze Weltgeschichte für junge Leser

Band 173 Eve-Marie Helm
555 Teekessel

Band 214 Karlheinz Schüssler
Kleine Geschichte der ägyptischen Kunst

Band 215 Andreas Mäckler
Was ist Liebe . . .?

Band 216 Internationales Design Zentrum Berlin e.V. (Hrsg.)
Simulation und Wirklichkeit

Band 217 Karl-Heinz Golzio
Außereuropäische Kunst in Daten

Band 218 Joachim Petsch
Eigenheim und gute Stube

Band 219 Till Förster
Kunst in Afrika

Band 220 H. A. Ripley
»Wer ist der beste Detektiv?«

Band 221 Johannes Stahl
An der Wand

Band 222 Herbert Alexander Stützer
Ravenna und seine Mosaiken

Band 223 Rolf Harris
Cartoon-Zeichnen leicht gemacht

Band 224 Jochen Maes
Fahrradsucht

Band 225 Erwin Panofsky
Gotische Architektur und Scholastik

Band 226 Richard Kostelanetz
John Cage im Gespräch

Band 227 Oskar Bätschmann
Entfernung der Natur

Band 228 Otto J. Brendel
Was ist römische Kunst?

Band 229 Uwe Springfeld
Schreibspiele

Band 230 Kasimir Malewitsch
Suprematismus – Die gegenstandslose Welt

Band 231 Andreas Mäckler/ Christiane Schäfers (Hrsg.)
Was ist der Mensch . . .?

Band 232 Martin Kuckenburg
Die Entstehung von Sprache und Schrift

Band 233 Peter-T. Schulz
Erleben ist alles

Band 234 Gerhard Kebbel
DuMont's verblüffendes Fremdwörterbuch

Band 235
Hans-Thomas Gosciniak (Hrsg.)
Kleine Geschichte der islamischen Kunst

Band 236 Klaus Eid/Hakon Ruprecht
Collage und Collagieren

Band 237 Andreas Verstappen
Waechters Erzählungen

Band 238 Michael Jäger
Die Theorie des Schönen in der Italienischen Renaissance

Band 239 William C. Seitz
Claude Monet

Band 240
Cristina Perincioli/Cillie Rentmeister
Computer und Kreativität

Band 241 Internationales Design Zentrum Berlin (Hrsg.)
Energien gestalten

Band 242
Dan Ritchard/Kathleen Moloney
Die Kunst des Bauchredens